Hvordan knuse overvåkningskapitalismen

Cory Doctorow

Petter Reinholdtsen
Oslo

Hvordan knuse overvåkningskapitalismen, av Cory Doctorow.

Utgitt av Petter Reinholdtsen. Oversatt på dugnad av Ole-Erik Yrvin, Petter Reinholdtsen, Christer Gundersen, Lorentz Even Hermansen, Jarle Langeland med flere.

`http://www.hungry.com/~pere/publisher/`.

ISBN 978-82-93828-02-0 (heftet)

ISBN 978-82-93828-03-7 (ePub)

Denne boken kan kjøpes fra `https://www.lulu.com/`.

Innhold

Nettverket av tusen løgner   1

I fortsettelsen av digital rettighetsaktivisme, 25 år etter   3

Teknologieksepsjonalisme, da og nå   4

Ikke fest din lit til oppstuss   5

Hva er overtalelse?   6
    1. Segmentering   6
    2. Villedning   8
    3. Dominans   9
    4. Omgåelse av våre rasjonelle evner   10

Hvis data er den nye oljen, så har overvåkningskapitalismen oljelekkasje   12

Hva er Facebook?   16

Monopol og retten til fremtiden   19

Sortering av søkeresultater og retten til fremtiden   22

Monopolister har råd til sovepiller for vakthundene   25

Monopol og vern av privatsfæren   30

Ronald Reagan, en teknologimonopolenes pionér   31

Styring med vindusviskerne   34

Overvåkning betyr fortsatt noe   35

Verdighet og tilfluktsted   37

iv

Pine de plagede 38

Alle data du samler og tar vare på, vil til slutt lekke ut 39

Kritisk teknologieksepsjonalisme er fortsatt eksepsjonalisme 40

Hvordan monopoler, ikke tankekontroll, driver overvåkingskapitalisme: Historien om Snapchat 44

Et monopol over vennene dine 45

Falske nyheter er en erkjennelseskrise 48

Teknologi er annerledes 52

Eierskap til fakta 53

Overtalelse virker... sakte 55

Det hjelper ikke å betale 56

Et «økologi»-tidspunkt for monopolknusing 59

Gjør storteknologien liten igjen 61

20 GOTO 10 62

Vi må videre 64

Nettverket av tusen løgner

Den mest overraskende momentet med tilbakekomsten av flatjordtilhengere i det 21. århundre er hvor viden tilgjengelig bevisene mot dem er. En kan forstå hvordan folk, for noen århundrer siden, uten tilgang til et høyt nok utsiktspunkt til å se jordens krumning, kunne ende opp med en rimelig fornuftig tro på at den tilsynelatende flate jorden, rent faktisk var flat.

I dag henger grunnskoler kamera fra ballonger og sender dem høyt nok til å fotografere jordens krumning, og det er vanlig å se en krummet jord fra vinduet på et fly. Da kreves en heroisk innsats for å beholde troen på en flat jord.

På samme måten er det med hvit nasjonalisme og eugenikk. I en tidsalder der du kan få datamaskinberegnet arveligheten ved å sveipe innsiden av munnhulen og sende resultatet sammen med en beskjeden sum penger til et selskap for å undersøke genene dine, har «rasevitenskap» aldri vært enklere å avvise.

Vi lever i en gullalder både med hensyn til enkel tilgang til og fornektelse av fakta. Forferdelige idéer som har svevd i utkanten i tiår eller til og med århundrer har blitt allemannseie tilsynelatende over natten.

Når en obskur idé får fotfeste, er det kun to ting som kan forklare at den dukker opp: Enten har personen som uttrykker idéen, forbedret sin formidling av den, eller så har den blitt vanskeligere å fornekte i lys av mer bevis. Hvis vi med andre ord ønsker at folk skal ta klimaendringer seriøst, kan vi få et utall Greta Thunberger til å gi velformulerte og følelsesladde argumenter fra talerstoler og slik vinne folks hjerter og sinn, eller vi kan vente til flom, stekende sol og pandemier lager argumentene for oss. I praksis må vi antagelig gjøre litt av begge deler: Desto mer vi steker, brenner, drukner og forvitrer, dess enklere vil det være for Greta Thunberg å overbevise oss.

Argumentene for tåpeligheter som vaksinemotstand, fornektelse av menneskeskapte klimaendringer, idéen om en flat jord eller om raserenhet er ikke bedre enn de var for en generasjon siden. Faktisk er de blitt dårligere, fordi de fremmes av folk som har bakgrunnskunnskap nok til å fornekte dem.

Motstand mot vaksiner har eksistert helt siden de første vaksinene kom, men de første vaksinemotstanderne rettet seg mot folk som var dårlig rustet til å forstå selv de mest grunnleggende idéer om mikrobiologi, og ikke minst, disse folkene hadde ikke fått oppleve utryddingen av massedrapssykdommer som polio, kopper og meslinger. Dagens vaksinemotstandere er ikke mer veltalende enn sine forfedre, og de har en mye vanskeligere oppgave.

Kan det virkelig stemme at disse konspirasjonsteoretikerne nå lykkes bedre fordi de har bedre argumenter?

Noen synes å tro det. I dag er det en utbredt tro at maskinlæring og kommersiell overvåkning kan gjøre selv en konspirasjonsteoretiker uten talegaver til en magisk manipulator med evne til å finne de sårbare blant oss og ved hjelp av argumenter skapt med kunstig intelligens, sette vettet deres ut av spill og gjøre dem til flat-jord-tilhengere, vaksineskeptikere eller til og med nynazister. Når RAND beskylder Facebook for «radikalisering»[1], og når Facebook i sin tur sprer feilinformasjon om coronaviruset og bortforklarer det ved å henvise til algoritmene sine[2], er det implisitte budskapet at maskinlæring og overvåkning kan endre vår oppfattelse av hva som er sant.

Tanken er at i en verden der ville og selvmotsigende konspirasjonsteorier som Pizzag-ate og dens etterfølger, QAnon, har sine ihuga tilhenger, så må det være *noe* i gjære.

Men hva om det finnes en annen forklaring? Hva om det er de materielle forut-setningene som har endret seg til fordel for disse manipulatorene? Hva om det er opplevelsen av å leve i en verden full av ekte konspirasjoner, slik de viser seg i samhandlingen mellom rike mennesker, lobbyistene deres og lovgiverne, der de enes om å begrave ubehagelige sannheter og bevis på ugjerninger, slikt som gjerne kalles korrupsjon — hva om det er denne opplevelsen som gjør folk sårbare for de tåpelige konspirasjonsteoriene?

Hvis det er skade og ikke smitte — materielle forhold og ikke ideologi — som utgjør forskjellen og gjør økningen i frastøtende feilinformasjon mulig, til tross for lett tilgjengelige fakta, så betyr det ikke at datanettverkene våre er uskyldige. De gjør fortsatt grovarbeidet med å spore opp sårbare mennesker og lede dem gjennom en rekke av stadig mer ekstreme idéer og gruppene som målbærer dem.

Troen på fiktive konspirasjoner har gjort skade og utgjør en fare for både planeten og alle som bebor den, fra epidemier med opphav i vaksinenekt[3] til folkemord oppildnet av rasistiske konspirasjonsteorier[4] og global oppvarming forårsaket blant annet av klimafornekternes mangel på handling. Vår verden brenner, og derfor må vi slukke brannene. Vi må finne ut hvordan vi kan hjelpe folk til å se sannheten i en verden der altfor mange forvirres av ulike konspirasjonsteorier.

Brannslokking er reaktivt. Vi trenger *forebygging*. Vi må angripe de skadelige materi-elle forutsetningene som gjør folk mottakelig for tåpelige konspirasjonsteorier. Også her kan teknologi spille en rolle.

Det skorter ikke på forslag til hvordan vi skal løse dette. Vi har forslag fra EU om

---

[1] https://www.rand.org/content/dam/rand/pubs/research_reports/RR400/RR453/RAND_RR453.pdf
[2] https://secure.avaaz.org/campaign/en/facebook_threat_health/
[3] https://www.cdc.gov/measles/cases-outbreaks.html
[4] https://www.nytimes.com/2018/10/15/technology/myanmar-facebook-genocide.html

å regulere terroristisk innhold[5], noe det krever at plattformene sporer opp og fjerner «ekstremistisk» innhold. Og vi har USAs forslag om å tvinge teknologiselskapene til å spionere på sine brukere[6] og slik holde selskapene ansvarlige for å regulere brukernes misbruk av ytringsfriheten[7]. Mye energi brukes på å tvinge teknologiselskapene til å løse de problemene de har skapt.

Det er imidlertid et viktig poeng som mangler i debatten. Alle disse løsningene antar at teknologiselskapenes posisjon er gitt, at deres kontroll over Internett er evig. Forslag om å erstatte storselskapene med et mer spredt Internett med mange aktører lar vente på seg. Hva verre er: Disse «løsningene» *forutsetter* at storselskapene forblir store, for bare de største selskapene har råd til å implementere systemene disse lovene krever.

For å komme ut av dette uføret må vi finne ut hvordan vi ønsker at vår alternative teknologi skal se ut. I dag står vi ved et veiskille. Vi må finne ut om vi skal fikse storteknologien som dominerer Internett, eller om vi skal fikse selve Internettet ved å frigjøre det fra storteknologiens jerngrep. Vi kan ikke gjøre begge deler; vi må velge.

Jeg ønsker at vi skal gjøre et klokt valg. Det er en forutsetning for å fikse Internett at vi temmer storteknologien, og da trenger vi digital rettighetsaktivisme.

I fortsettelsen av digital rettighetsaktivisme, 25 år etter

Digital rettighetsaktivisme har eksistert i over 30 år. Elektronisk Forpost-stiftelsen (EFF) rundet 30 i år; The Free Software Foundation ble stiftet i 1985. Den viktigste kritikken bevegelsen er blitt møtt med i nesten alle årene den har eksistert, er at den er irrelevant. Ekte aktivisme rettet seg mot den virkelige verden. Bare tenk på skepsisen Finland ble møtt med da landet i 2010 vedtok at bredbåndtilgang er en menneskerett[8]. Ekte aktivisme kunne ikke rette seg mot forhold i den digitale verden. Tenk i den sammenhengen på Malcolm Gladwells forakt for det han kalte «kliktivisme»[9]. Men datateknologien har vokst til å bli en sentral del av vårt daglige liv, og med det har beskyldningene om manglende relevans veket plassen for beskyldninger enten om manglende integritet, («Du bryr deg kun om teknologi fordi du jobber for et tekno-

---

[5] https://edri.org/tag/terreg/

[6] https://www.eff.org/deeplinks/2020/03/earn-it-act-violates-constitution

[7] https://www.natlawreview.com/article/repeal-cda-section-230

[8] https://www.loc.gov/law/foreign-news/article/finland-legal-right-to-broadband-for-all-citizens/#:~:text=Global%20Legal%20Monitor,-Home%20%7C%20Search%20%7C%20Browse&text=(July%206%2C%202010)%20On,connection%20100%20MBPS%20by%202015.

[9] https://www.newyorker.com/magazine/2010/10/04/small-change-malcolm-gladwell

logiselskap[10].».), eller beskyldninger om manglende oppmerksomhet og framsynthet («Hvorfor forutså du ikke at teknologi kom til å bli en så destruktiv kraft?»). Men digital rettighetsaktivisme står støtt der den har stått hele veien: på menneskenes side i en verden der teknologi ubønnhørlig tar over.

Siste variant av kritikken plystrer til takten av «overvåkningskapitalismen», et begrep Shoshana Zuboff førte i pennen i sin innflytelsesrike og lange bok fra 2019, *Overvåkingskapitalismens tidsalder: Kampen for en menneskelig fremtid ved maktens nye frontlinje.* Zuboff argumenterer for at «overvåkningskapitalisme» er en unik egenskap med teknologibransjen, og at til forskjell fra andre skadelige kommersielle geskjefter i historiens løp, denne «skriver seg fra uventede og ofte uforståelige mekanismer for utnyttelse, verdiskapning og kontroll som effektivt sett kobler folk fra sin adferd, mens den lager nye markeder for å forutsi oppførsel og å endring av den. Overvåkningskapitalisme utfordrer demokratiske normer, og tar avskjed med århundrers markedskapitalisme på sentrale punkter». Det er en ny og dødelig form for kapitalisme, en «løpsk kapitalisme», og vår manglende forståelse av dens unike evner og farer representerer en eksistensiell trussel for hele vår art. Hun har rett i at dagens kapitalisme truer vårt artsmangfold, og hun har rett i at teknologi gir unike utfordringer for vår art og sivilisasjon. Dog tar hun virkelig feil i hvordan teknologi er forskjellig, og hvorfor det truer vår eksistens.

Dessuten mener jeg at hennes feildiagnose vil få oss til å handle på måter som vil styrke storteknologien. Vi må i stedet velte storteknologien, og for å få det til må vi korrekt identifisere problemet.

Teknologieksepsjonalisme, da og nå

Tidligere kritikere av bevegelsen for digitale rettigheter — kanskje best representert ved organisasjoner som GNU-prosjektet, Elektronisk forpost-stiftelsen, Public Knowledge, og andre som fokuserer på å ivareta og forsterke grunnleggende menneskerettigheter i den digitale sfæren — beskyldte aktivistene for å praktisere «teknologieksepsjonalisme». Rundt tusenårets slutt drev seriøse mennesker gjøn med alle påstander om at datateknologiens gjøren og laden at virker inn på den «virkelige verden». Påstander om at ytringer, assosiasjoner, søkeadferd på nettet, ja, hele privatsfæren og med det grunnleggende menneskerettigheter blir påvirket av datateknologien ble betraktet som latterlige. De så for seg at datanerder som kranglet om *Star Trek*-universet så på seg selv som frihetskjempere på linje med Nelson Mandela og opprørerne i Warszawagettoen.

---

[10]https://www.ipwatchdog.com/2018/06/04/report-engine-eff-shills-google-patent-reform/id=98007/

I årtiene som fulgte, har anklagene om «teknologieksepsjonalisme» økt etter som teknologi har fått en større rolle i folks hverdagsliv. Nå som teknologi har infiltrert hver krink og krok i livene våre, og våre nettbaserte liv har kommet et knippe monopolister i hende, blir forsvarere av digitale friheter anklaget for å gå storteknologiens ærend, og dekke over selskapenes egennyttige uaktsomhet (eller verre, skumle sammensvergelser).

Sett fra mitt ståsted har bevegelsen for digitale rettigheter stått på stedet hvil, mens resten av verden har utviklet seg. Helt fra sine tidligste dager, hadde bevegelsen søkelyset rettet mot brukerne og fagfolkene som utviklet redskapet som brukerne trenger for å dra nytte av de grunnleggende rettighetene sine. Digitale rettighetsaktivister var kun interessert i selskapene i den grad selskapene brydde seg om brukernes rettigheter (eller, vel så ofte, når selskaper gjorde så tåpelige ting at de kunne provosere fram nye regler som også gjorde det vanskeligere for rasjonelle fagfolk å hjelpe brukerne).

Kritikken i «overvåkningskapitalismen» kommer så med en ny vinkling på angrepet på den digitale rettighetsbevegelsen: Ikke som varslere som overdriver hvor viktig de nye leketøyene deres er, ei heller som håndtlangere for storteknologien, men så opptatt med å utkjempe forrige århundres teknologikamp at det hindrer dem i å oppfatte de nye truslene som finnes.

Men teknologieksepsjonalisme er en synd, uansett hvem som bedriver den.

Ikke fest din lit til oppstuss

Du har antagelig hørt at «om du ikke betaler for et produkt, er det du som er produktet». Som vi ser nedenfor, er det sant, men ikke hele sannheten. Det som er *helt* riktig om reklamefinansiert storteknologi, er at dens kunder er de som reklamerer, og det selskaper som Google og Facebook selger, er sin evne til å overbevise *deg* om å kjøpe ting. Overtalelse er salgsvaren. Tjenestene — sosiale media, søkemotorer, kart, meldingstjenester med mer — er leveringssystemer for overtalelse.

Frykten for overvåkningskapitalismen utgår fra den (korrekte) antagelsen om at alt storteknologien sier om seg selv antagelig er løgn. Men kritikken av overvåkningskapitalismen gjør unntak når det gjelder påstandene storteknologien kommer med i salgsmateriellet sitt — de enorme overdrivelsene om effekten av produktene i salgsfremstøtene, på nettet og i seminarer, rettet mot potensielle annonsekjøpere. Kritikken antar at storteknologien er så god til å påvirke oss som de selv hevder når de selger påvirkningsprodukter til godtroende kunder. Dette er en tabbe; salgsmateriell ikke er en pålitelig kilde når en skal vurdere et produkts kvaliteter.

Overvåkningskapitalismen antar at når annonsører kjøper så mye av det stordatateknologien selger, er det fordi de selger noe som virker. Dette kan imidlertid like gjerne skyldes en felles feiltolkning av realitetene eller, og det er mer skremmende, en monopolistisk kontroll over både kommunikasjon og handel.

Du endrer oppførsel når noen ser på deg, og ikke til det bedre. Det skaper en trussel mot vår sosiale fremgang. Zuboffs bok inneholder vakkert formulerte forklaringer av disse fenomenene. Men Zuboff påstår også at overvåkning bokstavelig talt fratar oss vår frie vilje; når våre personlige data blandes med maskinlæring, så oppstår et overtalelsessystem så overveldende at vi blir hjelpeløse i møte med det. Facebook bruker en algoritme til å analysere data som de uten samtykke henter ut fra ditt daglige liv, og deretter tilpasser systemet nyhetsstrømmen din slik at du kjøper ting. Det er en tankekontrollstråle som hentet rett ut av en femtitallstegneserie, brukt av gale forskere hvis superdatamaskiner garanterer dem evigvarende og totalt verdensherredømme.

Hva er overtalelse?

For å forstå hvorfor du ikke bør bekymre deg over tankekontrollstråler, men hvorfor du *bør* bekymre deg over overvåkning *og* storteknologi, så må vi starte med å se på hva vi mener med «overtalelse».

Google, Facebook, og andre overvåkningskapitalister lover sine kunder (annonsørene) at hvis de bruker maskinlæringsverktøy flasket opp på ufattelige mengder personinformasjon høstet inn uten samtykke, så vil de være i stand til å overstyre folks rasjonelle valg og styre deres oppførsel, og slik skape en strøm av kjøp, stemmer ved valg og andre ønskede resultater.

> Effekten av dominans er mye større enn effekten av manipulering og bør derfor stå i sentrum for vår analyse og hvilke tiltak vi velger.

Men det finnes få indisier på at det er slik overstyring av de rasjonale evnene som skjer. I stedet er forutsigelsene som overvåkningskapitalismen leverer til sine kunder, er langt mindre imponerende. I stedet for å finne måter å omgå våre rasjonelle evner, så gjør overvåkningskapitaliser som Mark Zuckerberg i hovedsak en eller flere av tre ting:

1. Segmentering

Hvis du selger bleier, så er det større sjanse for et salg hvis du forsøker å selge dem til folk som er innom fødeavdelinger. Slett ikke alle som ankommer eller forlater en fødeavdeling har nettopp fått en baby, og ikke alle som har fått en baby er i markedet etter bleier. Men det å ha en baby er svært tett knyttet til det å være ute etter å kjøpe bleier, og det å være på en fødestue er svært nært knyttet til det å ha en baby. Dermed er det bleiereklamer i nærheten av fødeavdelinger (samt selgere av babyprodukter, som henger rundt fødeavdelinger med favnen full av gratispakker).

Overvåkningskapitalismen er segmentering i n'te potens. Bleieprodusenter kan gå mye lengre enn å fokusere på folk på fødestuer (selv om de også kan gjøre slikt, ved å bruke posisjonsbasert reklame på mobil). De kan målrette reklamen mot deg basert på om du leser artikler om barneoppdragelse, bleier, eller en hel rekke andre tema, og datautvinningen kan foreslå ikke-åpenbare nøkkelord å rette reklamen mot. De kan rette reklamen mot deg basert på artikler du nylig har lest. De kan rette reklamen mot deg basert på det du nylig har kjøpt. De kan rette reklamen mot deg basert på om du har mottatt epost eller private meldinger om disse temaene — eller til og med om du snakker høyt om dem (selv om Facebook og dets like overbevisende påstår at dette ikke gjøres — ennå).

Dette er veldig ekkelt.

Men det er ikke tankekontroll.

Det fratar deg ikke din frie vilje. Det lurer deg ikke.

Se hvordan overvåkningskapitalismen virker i politikken. Politiske aktører kan kjøpe evnen til å spore opp folk som er mottakelige for argumentene deres. Kandidater som kjører valgkamp på korrupsjon i finansbransjen leter etter folk som sliter med gjeld. Kandidater som kjører valgkamp på fremmedfrykt leter etter rasister. Politiske aktører har alltid målrettet sine budskap uansett om intensjonene var hederlige eller ikke. De som danner fagforeninger sprer budskapet ved fabrikkportene, og forkjemperne for hvitt overherredømme deler ut flygeblader på møter i John Birch Society[11].

Men dette er en upresis og ressurssløsende aktivitet. Fagforeningsfyren kan ikke vite hvilken arbeider de bør ta kontakt med på vei ut fra fabrikken, og kan kaste bort tiden sin på en som er John Birch Society-medlem i skjul, og forkjemperen for hvitt overherredømme kan ikke vite hvem av John Birch Society-medlemmene som er så fjerne at det å komme seg på et møte er det meste de klarer, og hvilke som kan overtales til å reise tvers over hele landet for å bære en Tiki-fakkel gjennom gatene i Charlottesville, Virginia.

I og med at målretting forbedrer nedslagsfeltet til politiske budskap, kan det øke farten på en politisk omveltning. På en billig måte kan alle som i hemmelighet ønsker å felle en autokrat — eller bare en politiker som har sittet i elleve perioder — finne alle andre som mener det samme. Dette har vært avgjørende for den raske etableringen av nye politiske bevegelsene, inkludert Black Lives Matter og Occupy Wall Street, samt mindre tiltalende bevegelser for hvit nasjonalisme på ytre høyre fløy som marsjerte i Charlottesville.

---

[11]John Birch Society er en kristenkonservativ forening på høyresiden i USAs politiske landskap som ble stiftet for å kjempe for mindre myndighetskontroll og mot kommunisme.

8

Det er viktig å skille denne typen politisk organisering fra påvirkningskampanjer; å finne folk som i hemmelighet er enige med deg er ikke det samme som å overbevise folk til å være enig med deg. Fremveksten av fenomener som ikke-binære og andre ikke-tradisjonelle kjønnsidentiteter er ofte beskrevet av reaksjonære som et resultat av at hjernevaskingskampanjer på nettet overbeviser påvirkelige mennesker om at de i hemmelighet har vært skeive hele tiden.

Men de personlige beretningene til de som har trådt frem, forteller en annen historie der folk som lenge hadde en hemmelighet om sitt kjønn, ble styrket av andre som trådte frem, og der folk som visste at de var forskjellig fra andre, men manglet et vokabular for å diskutere denne forskjellen, lærte de riktige ordene takket være disse enkle måtene å finne folk på og lære om deres idéer.

2. Villedning

Løgner og svindel er skadelige, og overvåkingskapitalismen gjør dem ekstra kraftige gjennom målretting. Hvis du ønsker å selge et uredelig forskuddslån eller et dårlig sikret boliglån, kan overvåkingskapitalismen hjelpe deg å finne folk som er både desperate og kunnskapsløse og dermed mottakelig for dine salgsargumenter. Dette forklarer fremveksten av mange fenomener, som pyramidemarkedsføring, der villedende påstander om potensiell inntjening og om effekten av ulike salgsteknikker rettes mot desperate mennesker ved å rette annonser mot søketermer som indikerer at de som søker sliter med lån etter dårlig rådgiving.

Overvåkingskapitalismen fremmer også svindel ved å gjøre det enkelt å finne andre mennesker som har blitt lurt på samme måte, og danner et fellesskap av mennesker som forsterker hverandres falske tro. Tenk på forumene[12] hvor folk, som blir utsatt for flernivå markedsføringssvindel, samles for å utveksle tips om hvordan de kan få det bedre ved å selv selge produktet.

Noen ganger innebærer villedning på nett å erstatte noens korrekte tro med feil, som det gjør i anti-vaksinasjonsbevegelsen, hvis ofre ofte er folk som i starten har tiltro til vaksiner, men som blir overbevist av tilsynelatende plausible bevis som fører dem inn i den falske troen på at vaksiner er skadelige.

Men det er mye mer vanlig for svindel å lykkes når den ikke trenger å fortrenge en korrekt overbevisning. Da datteren min fikk hodelus i barnehagen, fortalte en av barnehagearbeiderne meg at jeg kunne bli kvitt dem ved å behandle håret og hodebunnen med olivenolje. Jeg visste ikke noe om hodelus, og jeg antok at barnehagearbeideren gjorde det, så jeg prøvde det (det fungerte ikke, og det virker ikke). Det er lett å ende opp med å tro på noe som ikke er riktig når du rett og slett ikke vet noe bedre, og når disse overbevisningene formidles av noen som synes å vite hva de gjør.

---

[12]https://www.vulture.com/2020/01/the-dream-podcast-review.html

Dette er skadelig og vanskelig - og det er også den typen ting Internett kan bidra til å beskytte mot. Ved å gjøre korrekt informasjon tilgjengelig, spesielt i en form som avslører de underliggende overveielsene blant parter med skarpt divergerende synspunkter, som i Wikipedia. Men dette er ikke hjernevasking; det er svindel. I de fleste tilfellene[13], har ofrene for disse svindelkampanjene fått et informasjonstomrom fylt på vanlig måte, ved å konsultere en tilsynelatende pålitelig kilde. Hvis jeg undersøker lengden på Brooklyn Bridge, og finner at den er 5800 fot lang, mens den i virkeligheten er 5989 fot lang, så er det underliggende villedningen et problem, men det er et problem med et enkelt hjelpemiddel. Det er et helt annet problem enn problemet med vaksinemotstand, der noens korrekte oppfatning er erstattet av en uriktig ved hjelp av sofistikert overtalelse.

3. Dominans

Overvåkingskapitalismen og dens negative implikasjoner er et resultater av et monopol. Jeg vil gå dypere inn i dette senere; her er det nok å fastslå at teknologibransjen har vokst opp med en radikal konkurranselovgiving, som har tillatt selskaper å vokse ved å kjøpe opp sine konkurrenter og slik utvide virksomheten til de kontrollerer hele markedet fra topp til bunn.

Et eksempel på hvordan monopolpraksisen hjelper til med overtalelse er gjennom dominans: Google tar redaksjonelle beslutninger om sine algoritmer som bestemmer sorteringsrekkefølgen for svarene på våre søk. Hvis en samling svindlere vil lure verden til å tro at Brooklyn Bridge er 5800 fot lang, og hvis Google gir en høy søkerangering til den gruppen som svar på spørsmål som «Hvor lang er Brooklyn Bridge?» Da kan de første åtte eller ti Google- skjermene ha feil verdier. Og siden de fleste ikke går lengre enn de første par resultatene — enn si resultatene på den første *siden* med resultater — innebærer Googles valg at mange mennesker vil bli ført bak lyset.

Googles dominans over søk — mer enn 86 % av nettsøkene utføres via Google — betyr at måten de organiserer søkeresultatene på, har en stor effekt på den offentlige oppfatningen. Ironisk nok hevder Google at det er derfor det ikke har råd til å ha noen åpenhet i sin algoritmeutforming: Googles søkedominans gjør resultatene av sorteringen for viktig til å risikere å fortelle verden hvordan den kommer til disse resultatene, slik at en ondsinnet aktør ikke oppdager feil i rangeringssystemet, og utnytter det til å presse sitt syn frem til toppen av søkeresultatene. Det er et åpenbart hjelpemiddel overfor et selskap som er for stort til å bli kikket i kortene; Å bryte det opp i mindre biter.

Zuboff kaller overvåkingskapitalismen en «løpsk kapitalisme» hvis datahamstring og maskinlæringsteknikker frarøver oss vår frie vilje. Men påvirkningskampanjer som

---

[13]https://datasociety.net/library/data-voids/

søker å fortrenge eksisterende, korrekte overbevisninger til fordel for falske, har en effekt som er liten og midlertidig. Monopolistisk dominans over informasjonssystemer derimot har massive, varige effekter. Å kontrollere resultatene til verdens nettsøk, betyr å kontrollere tilgang både til argumenter og deres motsvar, og dermed å kontrollere mye av hva verden tror på. Hvis vi er bekymret for at selskaper hemmer vår evne til å gjøre oss opp våre egne meninger og bestemme vår egen fremtid, så bør vi innse at virkningen av slik dominans langt overstiger virkningen av manipulasjon, og den erkjennelsen bør stå sentralt i vår analyse og i våre valg av mottiltak.

4. Omgåelse av våre rasjonelle evner

Dette er de gode greiene: Bruk av maskinlæring, «mørke mønstre», påvirkning av folks engasjement og andre teknikker for å få oss til å gjøre ting som er i strid med vår egen sunne fornuft — dette er tankekontroll.

Noen av disse teknikkene har vist seg dødelig effektive (om enn bare på kort sikt). Bruk av nedtellingstidtakere på en avsluttende kjøpsside kan skape en følelse av hastverk, som får deg til å ignorere den gnagende interne stemmen som antyder at du bør undersøke flere alternativer eller sove på avgjørelsen din. Bruken av personer fra ditt sosiale nettverk i annonser kan gi «sosiale bevis» på at et kjøp er verdt å gjøre. Selv auksjonssystemet som eBay har utviklet, er beregnet til å spille på våre kognitive blindsoner, slik at det kan føles som om vi «eier» noe fordi vi byr på det, og dermed oppmuntrer oss til å by igjen, når vi blir overbydd, for å sikre at «våre» ting forblir våre.

Spill er usedvanlig gode på dette. «Gratis»-spill manipulerer oss gjennom mange teknikker. For eksempel gir de spillere en rekke jevnt stigende utfordringer som skaper en følelse av mestring og prestasjon. Men plutselig går de over til et sett med utfordringer som er umulige å overvinne uten å betale for oppgraderinger. Legg til noen sosiale føringer i blandingen — en strøm av varsler om hvor godt vennene dine klarer det — og før du vet av det, kjøper du virtuelle oppgraderinger for å komme opp til neste nivå.

Selskaper har vokst og falt sammen basert på disse teknikkene, og de som «faller sammen», er verdt å vie oppmerksomhet. Generelt tilpasser levende ting seg til stimuli: Noe som er veldig overbevisende eller bemerkelsesverdig når du først møter det, falmer med repetisjon til du slutter helt å legge merke til det. Tenk på lyden fra kjøleskapet, som irriterer deg når det starter opp, men som så forsvinner helt, slik at du bare legger merke til den når den stopper igjen.

Det er derfor ulike teknikker for adferdsmodifisering bruker «periodisk forsterkning». I stedet for å gi deg jevne drypp av oppmuntring eller motgang, fordeler spill og spill-lignende tjenester belønninger etter en uforutsigbar tidsplan — hyppig nok til å holde deg interessert og tilfeldig nok til at du aldri helt kan oppdage mønsteret som ville gjøre det kjedelig.

Periodisk forsterkning er et kraftig atferdsverktøy, men det representerer også et kollektivt handlingsproblem for overvåkingskapitalismen. «Engasjementsteknikkene» er oppfunnet av atferdseksperter i overvåkingskapitalistiske selskaper og kopieres raskt over hele sektoren. Dermed vil det som starter som mystisk overbevisende stimuli i utformingen av en tjeneste — som å kreve et «trykk for å oppdatere», å varsle når noen liker innleggene, eller å tilby karakteren din et side-eventyr mens han er midt i et oppdrag - etter hvert framstå som kjedelig og dagligdags. De tilfeldige og uforutsigbare dryppene fortsetter å tikke inn på din mobil, og blir til en grå lydsvegg, fordi hvert enkelt program og nettsted gjør bruk av det som i øyeblikket framstår som effektivt.

Fra overvåkingskapitalistens synsvinkel blir vår tilpasningsdyktighet derimot som en skadelig bakterie som fjerner det som gir monopolselskapene næring — altså vår oppmerksomhet. Nye teknikker for å fange denne oppmerksomheten kan ses som ny antibiotika som kan brukes til å bryte ned vårt forsvar og ødelegge selvbestemmelsen vår. Og det *finnes* slike teknikker. Hvem kan glemme den store Zynga-epidemien, da alle våre venner ble fanget i *FarmVilles* endeløse, tanketomme dopaminsløyfer? Men hele bransjen hopper på hver ny oppmerksomhetsfangende teknikk, som så brukes så ukritisk at antibiotikaresistens setter inn. Gitt nok repetisjon utvikler nesten alle immunitet mot selv de kraftigste teknikkene. Immuniteten gjorde at innen 2013, to år etter Zynga var på topp, hadde brukerbasen halvert seg.

Det gjelder ikke alle, selvfølgelig. Noen mennesker tilpasser seg aldri stimuli, akkurat som noen mennesker aldri slutter å høre summingen fra kjøleskapet. Dette er årsaken til at de fleste som er utsatt for spilleautomater, spiller dem en stund for deretter å gå videre, mens en liten og tragisk minoritet bruker pengene som skulle brukes til ungenes utdanning, skaffer seg bleier for voksne og blir sittende foran en maskin inntil de kollapser.

Men overvåkingskapitalismens marginer på atferdsendring stinker. Tredobling i hvor fort noen kjøper noe høres bra ut med mindre utgangspunktet er langt mindre enn 1 %[14] med en økt rate på … fortsatt mindre enn 1 %. Der myntautomater krever en mynt for hver runde, håver overvåkingskapitalismen bare inn uendelig små brøkdeler av én krone.

Spilleautomatenes høye avkastning betyr at de kan være lønnsomme bare ved å tømme formuene til den lille gjenstående delen av personer som er patologisk sårbare for automatene og ikke kan tilpasse seg triksene deres. Men overvåkingskapitalismen kan

---

[14]`https://www.forbes.com/sites/priceonomics/2018/03/09/the-advertising-conversion-rates-for-every-major-tech-platform/#2f6a67485957`

ikke overleve på de brøkdelene av en krone som den tar inn fra de få sårbare. Det er derfor, etter at den store Zynga-epidemien endelig hadde brent seg ut, det lille antallet fortsatt avhengige spillere ikke kunne opprettholde spillet som et globalt fenomen. Og nye kraftige oppmerksomhetsvåpen er ikke lett å finne. Det viser de mange årene som har gått siden Zynga hadde en hit. Til tross for hundrevis av millioner dollar som Zynga bruker på å utvikle nye verktøy for å trenge gjennom vår evne til tilpasning, har selskapet aldri klart å gjenta det lykketreffet som fanget så mye av oppmerksomheten vår et kort øyeblikk i 2009. Kraftsentra, som Supercell, har klart seg litt bedre, men de er sjeldne og har mange mislykkede forsøk for hver suksess.

Sårbarheten hos små deler av befolkningen når det gjelder effektiv manipulasjon fra selskaper, er en reell utfordring som er verdig vår oppmerksomhet og energi. Men det er ikke en eksistensiell trussel mot samfunnet.

Hvis data er den nye oljen, så har overvåkningskapitalismen oljelekkasje

Dette tilpasningsproblemet forklarer en av overvåkingskapitalismens mest alarmerende egenskaper: dens nådeløse sult etter data og dens endeløse utvidelse av evnen til datainnsamling ved spredning av sensorer, nettovervåking og oppkjøp av datastrømmer fra tredjeparter.

Zuboff observerer dette fenomenet og konkluderer med at data må være svært verdifullt hvis overvåkingskapitalismen er så sulten på det. (Med hennes ord: «Akkurat som industriell kapitalisme ble drevet til stadig mer intens utnyttelse av produksjonsmidlene, slik er nå overvåkingskapitalistene og deres markedsaktører låst inn i stadig mer intens utnyttelse av evnen til å endre folks adferd gjennom den makten som akkumuleres i de innsamlede datamengdene».) Men hva om den grådige appetitten kommer av at datakraften har så kort halveringstid — fordi folk så raskt herdes mot nye, datadrevne overtalelsesteknikker — at selskapene er låst i et våpenkappløp mot vårt limbiske system? Hva om det hele er som konkurransen til den røde dronning i Alice i Eventyrland, hvor de må løpe stadig raskere — samle stadig mer data — bare for å holde seg på samme sted?

Og naturligvis virker alle storteknologiens overtalelsesteknikker i samarbeid med hverandre, og innsamling av data er ikke bare nyttig til atferdsmessig lureri.

Hvis noen ønsker å få folk til å kjøpe et kjøleskap eller bli med i en pogrom, da kan de bruke profilering og målretting for å sende meldinger til folk de vurderer vil reagere positivt på meldingene. Meldingene i seg selv kan være villedende, og komme med påstander om ting mottakerne ikke nødvendigvis har kunnskaper om (matsikkerhet og energieffektivitet, eller eugenikk og historiske påstander om rasemessig overlegenhet). De kan bruke søkemotoroptimalisering og/eller hærer av falske anmeldere og kommentatorer og/eller betalt plassering for å dominere diskursen, slik at ethvert søk etter ytterligere informasjon tar mottakeren tilbake til deres meldinger. Og til slutt kan de finpusse de forskjellige argumentene ved hjelp av maskinlæring og andre teknikker for å finne ut hva slags argumenter som fungerer best på hver enkelt mottaker.

Hver fase av denne prosessen drar nytte av overvåking: Desto mer data de har, jo mer presist kan de lage en profil på deg og målrette deg mot bestemte meldinger. Tenk på hvordan du ville selge et kjøleskap, hvis du visste at garantien på kjøleskapet til en potensiell kunde nettopp er utløpt, og at de får igjen penger på skatten i april.

Jo mer data de har, desto bedre kan de utforme villedende meldinger — hvis jeg vet at du liker slektsforskning, kan jeg la være å mate deg pseudovitenskap om genetiske forskjeller mellom «raser», men holde meg til konspiratoriske hemmelige historier om «befolkningsutskiftning» og lignende.

Facebook hjelper deg også med å finne personer som har de samme avskyelige eller antisosiale synspunktene som deg. Det gjør det mulig å finne andre mennesker som ønsker å bære bambusfakler gjennom gatene i Charlottesville oppkledd i sørstatsutstyr. Det kan hjelpe deg å finne andre mennesker som ønsker å bli med i militsen din for å dra sammen med deg til grensen for å lete etter udokumenterte innvandrere å terrorisere. Det kan hjelpe deg å finne folk som deler din tro på at vaksiner er gift og at jorden er flat.

Målrettet markedsføring har en særskilt fordel for dem som fremmer sosialt uakseptable saker: Den er usynlig. Rasisme er spredt over et stort geografisk område, og det er få steder der rasister — og kun rasister — samles. Dette tilsvarer problemet med å selge kjøleskap ved at potensielle kjøleskapskjøpere er geografisk spredt og det er få steder der du kan kjøpe reklameplass som i all hovedsak kun vil bli sett av kjøleskapskunder. Kjøp av kjøleskap er sosialt akseptabelt, mens det å være nynazist ikke er det. Du kan kjøpe en reklametavle eller reklamere i avisens sportsdel for kjøleskapene, og den eneste potensielle ulempen er at reklamen din vil bli sett av masse folk som ikke ønsker å kjøpe kjøleskap, hvilket gir store unødvendige kostnader.

Men selv om du ønsker å reklamere for nynazistbevegelsen din på en reklametavle eller på TV i beste sendetid eller i sportsdelen av avisen så vil du slite med å finne noen som er villig til å selge deg reklameplass. Det kommer delvis av at de er uenige i ditt syn og delvis fordi de frykter negative konsekvenser (boikott, skadet omdømme, osv.) fra andre folk som er uenige med deg.

Målrettet reklame løser dette problemet: På Internett kan hver person få se individuelt tilpasset reklame, som betyr at du kan kjøpe reklame som kun vises til personer som gir inntrykk av å være nynazister, og ikke til folk som hater nynazister. Når budskapet når feil mottaker, når noen som hater rasisme blir vist reklame for å rekruttere rasister, kan det bli litt krøll. Plattformen eller publikasjonen kan få rasende fordømmelser enten offentlig eller privat. Men risikoprofilen som en kjøper av reklame på nettet påtar seg, er forskjellig fra risikoen til en tradisjonell utgiver eller reklametavleeier som kunne tenkes å publisere nynazistreklame.

Reklame på nettet plasseres av algoritmer som gjennomfører auksjoner mellom ulike økosystemer av selvbetjente plattformer som enhver kan kjøpe reklame gjennom. Dette gjør at nynazistannonser som dukker opp i din favorittpublikasjon på nettet, ikke betraktes som publikasjonens moralske fallitt, men derimot som en feil som oppstår hos en fjern underleverandør av annonser. Når en publikasjon får klager på en støtende annonse som dukker opp på en av sine sider, kan den ta noen grep for å blokkere den, men det stopper ikke nynazistene fra å kjøpe en litt annerledes annonse fra en annen leverandør som betjener den samme publikasjonen. Og uansett forstår Internettbrukerne i stadig større grad at når de ser en annonse, så er det sannsynlig at de som annonserer ikke valgte publikasjonen, og at publikasjonen ikke aner hvem som annonserer hos dem.

Disse lagene av omdirigering mellom de som reklamerer og utgiverne fungerer som moralske buffere: Dagens moralske konsensus er i stor grad at utgiverne ikke bør holdes ansvarlig for reklamen som dukker opp på sidene deres fordi de ikke aktivt har valgt å plassere disse reklamene der. Nynazistene er, takket være dette, i stand til å overvinne vesentlige hindre for å organisere bevegelsen sin.

Det er et komplekst forhold mellom data og det å dominere. Når du kan spionere på kundene dine, så kan du få varsel når de foretrekker rivalene dine. Det gir deg mulighet til å gjøre det bedre enn konkurrentene dine i neste runde.

Enda viktigere er det at hvis du kan dominere informasjonsområdet samtidig som du samler data, så kan du forsterke andre villedende taktikker siden det blir vanskeligere å bryte ut av nettet av villedning som du spinner. Dominans er et gryende monopol, og det er dette og ikke dataene i seg selv som er drivkraften som gjør enhver taktikk verdt å utnytte; monopolistisk dominans fratar mottakeren enhver fluktrute.

Hvis du er en nynazist som vil sikre at dine potensielle medsammensvorne kun ser villedende og bekreftende informasjon når de søker etter mer, så kan du forbedre oddsene dine ved innledningsvis å gi dem søkeord som de kan bruke senere. Du trenger ikke eie de 10 første resultatene for «velger-undertrykkelse» hvis du kan overbevise målgruppen din om å begrense sine søkeord til «valgjuks», som gir en helt annen samling søkeresultater.

Overvåkningskapitalister er som tankelesere som påstår at deres ekstraordinære innsikt i menneskelig oppførsel lar dem gjette hvilket ord du skrev ned på en lapp som du brettet sammen og la i lommen din. I virkeligheten bruker de fordekte hjelpere, skjulte kamera, fingerferdigheter og direkte memorering for å imponere deg.

Eller kanskje er de mer som sjekke-kunstnere, denne kvinnehatende kulten som lover å hjelpe klønete menn å ha sex med kvinner ved å lære dem «nevrolinguistisk programmerings»-fraser, kroppsspråkteknikker og psykologiske manipulasjonsteknikker ala «negging» — det å komme med uønskede negative tilbakemeldinger til kvinner for å senke selvtilliten og fange interessen deres.

Noen sjekke-kunstnere klarer til slutt å overbevise kvinner om å bli med dem hjem, men det er ikke fordi disse mennene har klart å finne ut hvordan de overstyrer kvinners kritiske tankeevner. I stedet er sjekke-kunstnernes «suksesshistorier» en blanding av kvinner som var ute av stand til å samtykke, kvinner som ble presset, kvinner som var beruset, selv-destruktive kvinner, og noen få kvinner som var edru og hadde kontroll over seg selv, men som ikke forsto med en gang at de var sammen med forferdelige menn og korrigerte feilen så raskt de kunne.

Sjekke-kunstnere *tror* de har oppdaget en hemmelig dør til hvordan overstyre kvinners kritiske evner, men de har ikke det. Mange av taktikkene de benytter seg av, som negging, er blitt poenget i vitser (på samme måte som folk vitser om dårlig annonsemålretting), og det er en stor sjanse for at enhver som blir utsatt for disse teknikkene, umiddelbart vil gjenkjenne teknikken og avvise mennene som bruker dem som uhelbredelige tapere.

Sjekkekunstnere er beviset på at folk kan tro de har utviklet et system for tankekontroll *selv når det ikke virker*. Sjekkekunstnere utnytter ganske enkelt det faktum at en sjanse per en million kan slå til hvis du gjør en million forsøk. Så antar de ganske enkelt at de øvrige 999 999 gangene utførte de rett og slett teknikken feil, og bestemmer seg for å gjøre det bedre neste gang. Det er bare en annen gruppe mennesker som lar seg overbevise av sjekkekunstnernes mytologi, og det er potensielle sjekkekunstere hvis angst og usikkerhet gjør dem sårbare for svindlere og menn med vrangforestillinger, som overbeviser dem om at hvis de betaler for veiledningen og følger instruksene, så vil de før eller senere lykkes. Sjekkekunstnere antar at de ikke klarer å sjekke opp kvinner fordi de er dårlige sjekkekunstnere, ikke fordi sjekkekunst er vrøvl. Sjekkekunstnerne er dårlige til å markedsføre seg til kvinner, men er mye bedre til å markedsføre seg til menn som betaler for å lære seg sjekkekunstens hemmeligheter.

Dagligvarehandelpioneren John Wanamaker sies å ha klaget over at «halvparten av pengene jeg bruker på annonsering er bortkastet. Jeg vet bare ikke hvilken halvpart». Det faktum at Wanamaker tenkte at kun halvparten av hans markedsføringsutgifter var bortkastet er hyllest til hvor overbevisende lederne i markedsføringbransjen kan være. De er *mye* flinkere til å overtale potensielle klienter om å kjøpe tjenester fra dem enn de er til å overbevise almenheten om å kjøpe varene klientenes varer.

Hva er Facebook?

Det meldes at Facebook er kilden til alle moderne plager, og det er ikke vanskelig å forstå hvorfor. Noen teknologiselskaper ønsker å låse kundene sine inne mens de tjener penger på å kontrollere tilgangen til markedet for programvare på enhetene deres. De melker dem for penger i stedet for å spionere på dem (slik Apple gjør). Andre selskaper bryr seg ikke om innlåsing av brukerne fordi de har funnet ut hvordan de kan spionere på dem uansett hvor de er og hva de gjør, og har klart å omforme denne overvåkningen til penger (Google). Facebook er alene blant de vestlige teknologigigantene om å ha bygget sin forretning basert på å låse inne brukerne sine *og samtidig* spionere på dem.

Overvåkningsregimet til Facebook er i grunnen helt uten like i den vestlige verden. Selv om Facebook forsøker å unngå å være synlige på den offentlige verdensveven, ved å skjule det meste av det som foregår der, fra folk som ikke er logget inn på Facebook, så har selskapet likevel minelagt de fleste nettsider med overvåkningsverktøy i form av «Liker»-knapper fra Facebook. Disse baker utgiverne inn i sine egne nettsteder for å fremme nettstedenes Facebook-profiler. Facebook gjør også ulike biblioteker og andre nyttige kodesnutter tilgjengelig for de som publiserer nettsider. Disse fungerer som overvåkningstentakler på nettsteder der de blir brukt, og sluser informasjon om besøkende på nettstedene — aviser, sjekkesteder, oppslagstavler — til Facebook.

> Storteknologien kan drive overvåkning, ikke fordi den er teknologi, men fordi den er *stor*.

Facebook tilbyr lignende verktøy til programutviklere, slik at programmene du bruker — spill, prompemaskiner, foretaksopplysningstjenester, programmer for å holde styr på skolehverdagen til ungene dine - sender informasjon om det du driver med, til Facebook, selv om du ikke har Facebook-konto, og selv om du ikke laster ned eller bruker Facebook-programmer. Ikke nok med det, Facebook kjøper data fra tredjeparts datameglere om handlevaner, fysisk posisjon, bruk av «fordelsprogrammer», finansielle transaksjoner, etc, og kobler dette til personprofiler, profiler som utvikles basert på aktivitet på Facebook, på apper og på den offentlige verdensveven.

Selv om det er enkelt å integrere mot verdensveven fra Facebook, å linke til nyheter og slike ting, så er produktene på Facebook i utgangspunktet ikke tilgjengelig for integrering tilbake til verdensveven. Du kan bake inn en twittermelding i en Facebook-melding, men hvis du forsøker å bake inn en Facebook-melding i en twittermelding, så får du bare en lenke tilbake til Facebook og må logge inn for å se meldingen. Facebook har brukt ekstreme teknologiske og juridiske mottiltak for å hindre rivaler å gjøre det mulig for deres brukere å bake inn snutter fra Facebook i konkurrerende tjenester, eller å lage alternative grensesnitt til Facebook som slår sammen nye meldinger på Facebook med de fra andre tjenester du bruker.

Og Facebook er utrolig populær, med 2.3 milliarder påståtte brukere (selv om mange tror dette tallet er blåst opp). Facebook har vært brukt til å organisere folkemord, rasistiske opptøyer, antivaksinebevegelser, flat jord-kulter og det politiske livet til noen av verdens styggeste, mest brutale autokrater. Det er i sannhet mange alarmerende ting som foregår i verden, og Facebook er implisert i mange av dem. Derfor er det enkelt å konkludere med at de stygge tingene som foregår, er resultat av tankekontrollsystemet til Facebook, som de leier ut til alle som kan betale det det koster.

For å forstå hvilken rolle Facebook har i dannelsen av og mobiliseringen til antisosiale bevegelser, så må vi forstå Facebooks dobbeltnatur.

Siden Facebook har veldig mange brukere og veldig mye data om disse brukerne, så er Facebook et veldig effektivt verktøy for å spore opp folk med egenskaper som er vanskelige å finne. Det vil si den type egenskaper som er veldig spredt i befolkningen. Markedsførerne har tidligere slitt med å finne kostnadseffektive måter å nå slike folk. La oss gå tilbake til kjøleskap. De fleste av oss bytter bare ut hvitevarene våre noen få ganger i livet. Hvis du er en kjøleskapsprodusent eller -forhandler, så har du bare disse små øyeblikkene i en forbrukers liv mens de vurderer slike kjøp, og du må finne en måte å nå dem på da. Alle som har lagt inn en statusendring etter å ha kjøpt et hus, kan skrive under på at hvitevareprodusenter er utrolig ivrige etter å nå enhver som kan tenkes å være på jakt etter et nytt kjøleskap.

Facebook gjør det *mye* enklere å finne folk som trenger kjøleskap. Selskapet kan målrette annonser mot folk som har registrert et nytt boligkjøp, mot folk som har søkt etter råd om kjøp av kjøleskap, mot folk som har klaget over at kjøleskapet deres dør, eller en kombinasjon av disse. Det kan til og med målrette mot folk som nylig har kjøpt *andre* hvitevarer ut fra teorien om at noen som nettopp har erstattet komfyren og oppvaskmaskinen, kan være interessert i å kjøpe et kjøleskap. De aller fleste som nås av disse annonsene, vil ikke være i markedet etter et nytt kjøleskap, men det avgjørende er at andelen av personer som *er* på jakt etter kjøleskap som disse annonsene når, er *mye* større enn i noen gruppe som kan bli utsatt for tradisjonell, målrettet kjøleskapmarkedsføring i den fysiske verden.

Facebook gjør det også mye enklere å finne folk som har samme sjeldne sykdom som deg, noe som kanskje var umulig i tidligere tider. Den nærmeste med samme lidelse kunne være hundrevis av kilometer unna. Selskapet gjør det lettere å finne folk som gikk på samme videregående skole som deg, selv om flere tiår er gått, og dine tidligere klassekamerater er spredt for alle vinder.

Facebook gjør det også mye enklere å finne folk som har samme sjeldne politiske overbevisning som deg. Hvis du alltid har hatt en hemmelig dragning mot sosialisme, men aldri våget å ytre dette høyt i tilfelle du ville bli kritisert av naboene dine, kan

Facebook hjelpe deg med å oppdage andre mennesker som har det på samme måte (og det kan kanskje vise deg at din dragning er mer utbredt enn du noen gang har trodd). Det kan gjøre det enklere å finne personer som deler din seksuelle identitet. Og ikke minst, det kan hjelpe deg å forstå at det du trodde var en skammelig hemmelighet som bare påvirket deg, i virkeligheten er en allment delt egenskap, noe som gir deg både trygghet og mot til å komme ut av skapet overfor folkene i livet ditt.

Alt dette presenterer et dilemma for Facebook: Målretting gjør selskapets annonser mer effektive enn tradisjonelle annonser, men det lar også annonsører se hvor effektive annonsene deres er. Annonsører er glade for å høre at Facebook-annonser er mer effektive enn annonser på systemer med mindre sofistikert målretting, men annonsører kan også se at i nesten alle tilfeller blir annonsene ignorert av personene som ser dem. Eller i beste fall fungerer annonsene på et underbevisst nivå, og skaper en ikke målbar «merkevaregjenkjenning». Dette betyr at prisen per annonse, i nesten alle tilfeller, er svært lav.

For å gjøre ting verre, får mange Facebookgrupper i gang svært lite diskusjon. Ditt lokale fotballag, folk med samme sjeldne sykdom som deg, og de du deler en politisk interesse med, kan utveksle en merkelige miks av meldinger på utvalgte tidspunkt, men i hverdagen er det ikke mye å si til dine gamle kamerater fra videregående, eller andre fotballkort-samlere.

Med kun diskusjoner som vokser frem «naturlig», kunne ikke Facebook skapt nok trafikk til å selge tilstrekkelig med annonser til å tjene pengene de trenger for å kontinuerlig utvide ved å kjøpe opp konkurrentene sine mens de deler ut rundhåndede beløp som utbytte til sine investorer.

Så Facebook må bidra til å øke trafikken ved å spore av egne fora: Hver gang Facebooks algoritme setter inn kontroversielt materiale — brennhete politiske artikler, konspirasjonsteorier, opprørende historier — inn i en gruppe, så kan de kapre denne gruppens tiltenkte formål med sine fornærmende diskusjoner og ødelegge de samme diskusjonene ved å gjøre dem til bitre, uproduktive krangler. Facebook er optimalisert for engasjement, ikke lykke, og det viser seg at automatiserte systemer er ganske flinke til å finne ting som folk blir sinte av.

Facebook *kan* endre oppførselen vår, men bare på et par trivielle måter. For det første kan det låse inne alle dine venner og slektninger slik at du sjekker og sjekker og sjekker med Facebook for å finne ut hva de gjør. Dessuten kan det gjøre deg sint og engstelig. Det kan tvinge deg til å velge mellom på den ene siden å bli forstyrret hele tiden av oppdateringer — en prosess som forstyrrer konsentrasjonen og gjør det vanskelig å være innadvendt — eller på den andre å holde deg i kontakt med vennene dine. Dette er en svært begrenset form for mental kontroll, og det kan i virkeligheten bare gjøre oss ulykkelige, sinte og engstelige.

Dette er grunnen til at Facebooks målrettingssystemer — både de som vises til annonsører, og de som lar brukerne finne folk som deler deres interesser — er så moderne, polerte, og enkle å bruke, samtidig som meldingstavlene har et verktøysett som virker som om det ikke har endret seg siden midten av 2000-tallet. Hvis Facebook leverte et tilsvarende fleksibelt og sofistikert system for meldingslesing til sine brukere, kunne disse brukerne forsvart seg mot å få øynene dratt uten samtykke mot blikkfangende overskrifter om Donald Trump.

Jo mer tid du bruker på Facebook, jo flere annonser får de vist deg. Løsningen på at annonsene til Facebook kun fungerer én av tusen ganger, er at selskapet prøver å øke hvor mye tid du bruker på Facebook med en faktor på tusen. I stedet for å tenke på Facebook som en bedrift som har funnet ut hvordan den skal vise deg nøyaktig den riktige annonsen på nøyaktig riktig måte for å få deg til å gjøre hva annonsørene vil, tenk på den som en bedrift som har funnet ut hvordan den får deg til å slite deg gjennom en endeløs strøm av krangler, selv om de får deg til å føle deg elendig. Slik bruker du så mye tid på nettstedet, at det til slutt viser deg minst én annonse som treffer deg.

Monopol og retten til fremtiden

Zuboff og gjengen hennes er særlig skremt over i hvor stor grad overvåking gjør det mulig for selskaper å påvirke våre beslutninger, og på den måten fjerne noe hun poetisk kaller «retten til fremtiden» — det vil si retten til å bestemme selv hva du vil gjøre i fremtiden.

Det er sant at annonsering kan gi utslag på en eller annen måte: Når du tenker på å kjøpe et kjøleskap, så kan en kjøleskapsannonse i rette øyeblikk avslutte letingen der og da. Men Zuboff legger enorm og urimelig vekt på overbevisningsevnen til overvåkingsbaserte påvirkningsteknikker. De fleste av disse fungerer ikke så bra, og de som fungerer, virker ikke så veldig lenge. Skaperne av disse påvirkningsverktøyene er sikre på at de en dag vil forbedre dem til systemer som gir total kontroll, men de er neppe upartiske observatører, og risikoen for at drømmene deres går i oppfyllelse er svært spekulativ.

Derimot har Zuboff et ganske avslappet forhold til 40 år med slapp antitrust-praksis, som har tillatt en håndfull selskaper å dominere Internett. Slik innledes informasjons-alderen med fem gigantiske nettsteder, hver av dem fylt med skjermavbildninger fra de fire andre som en person på Twitter bemerket[15].

Hvis vi imidlertid skal bli skremt over at vi kan miste retten til å selv velge hva vår fremtid skal bringe, så bør monopolets ikke-hypotetiske, konkrete, her-og-nå-skadevirkninger være i fokus for debatten om teknologipolitikk.

---

[15]`https://twitter.com/tveastman/status/1069674780826071040`

La oss starte med å se på «digitale restriksjonsmekanismer». I 1998 undertegnet Bill Clinton loven Digital Millennium Copyright Act (DMCA). Det er et komplekst lovverk med mange kontroversielle bestemmelser, men ingen mer kontroversielle enn paragraf 1201, «vern av beskyttelsessystemer».

Dette er et heldekkede forbud mot å tukle med systemer som begrenser tilgang til opphavsrettsbeskyttede verk. Forbudet er så gjennomgripende at det forbyr å fjerne en opphavsrettslås, selv uten at det skjer noe brudd på opphavsretten. Aktivitetene som paragraf 1201 i DMCA skal forby, er ikke brudd på opphavsretten; snarere er det lovlige aktiviteter som undergraver produsentenes kommersielle planer.

For eksempel var første store anvendelsen av paragraf 1201 på DVD-spillere, som en måte å håndheve regionkodingen som er innebygd i disse enhetene. DVD-CCA, som standardiserte DVD-er og DVD-spillere, delte verden inn i seks regioner og spesifiserte at DVD-spillere må sjekke hver plate for å finne ut hvilke regioner den var autorisert til å spilles av i. DVD-spillere ville ha tilsvarende regioner (en DVD-spiller kjøpt i USA ville være region 1 mens en kjøpt i India ville være region 5). Hvis spilleren og platens region sammenfalt, kunne spilleren spille av platen. I motsatt fall ville den avvise platen.

Men å se en lovlig produsert plate i et annet land enn den der du kjøpte den, er ikke brudd på åndsverksloven — det er det motsatte. Åndsverksloven pålegger kundene denne plikten for en film: Du må gå inn i en butikk, finne en lisensiert plate og betale prisen for den. Gjør det — og *ingenting annet* — så har du intet usnakket med åndsverksloven.

Det faktum at et filmstudio ønsker å kreve mindre betaling fra indere enn amerikanere eller gi den ut i Australia senere enn i Storbritannia, har ingen betydning for åndsverksloven. Når du lovlig anskaffer en DVD, er det intet brudd på opphavsretten å se den uansett hvor du tilfeldigvis befinner deg.

Så produsenter av DVD-er og DVD-spillere burde ikke kunne bruke beskyldninger om brudd på opphavsretten til å straffe uavhengige produsenter for å lage avspillere i strid med DVD-CCA-standarden som kan spille av plater fra alle regioner, eller straffe verksteder for å endre avspillere slik at de kan spille plater fra andre regioner, eller programvareutviklere som lager programmer som lar deg gjøre dette.

Det er her paragraf 1201 i DMCA kommer inn: Ved å forby tukling med et «beskyttelsessystem», ga regelen produsenter og rettighetshavere rettslig grunnlag for å saksøke konkurrenter som markedsførte bedre produkter med lovlige egenskaper som markedet krevde (i dette tilfellet regionfrie spillere).

Dette er en stygg svindel mot forbrukerne, men etter hvert som tiden gikk, vokste paragraf 1201 til å omfatte en raskt voksende samling av enheter og tjenester da smarte produsenter innså noe vesentlig:

- Alt utstyr med programvare i, inneholder et «opphavsrettsbeskyttet verk» — nemlig programvaren.

- Datautstyr kan konstrueres slik at å endre oppsett på programvaren krever at en omgår et «beskyttelsessystem for opphavsrettsbeskyttede verk» noe som er et potensielt lovbrudd etter paragraf 1201.

- Dermed kan selskaper kontrollere hva kundenes gjør, etter at de har tatt med seg hjem det de har kjøpt, ved å utforme produkter slik at all ikke-tillatt bruk krever endringer som rammes av paragraf 1201.

Paragraf 1201 blir da et middel for alle mulige produsenter til å tvinge sine kunder til å innordne seg på en måte som er til fordel for produsentenes aksjonærer i stedet for å være til fordel for kundene selv.

Dette manifesterer seg på mange måter: En ny generasjon blekkskrivere med innebyggede blokkeringer som hindrer tredjepartsblekk og som ikke kan omgås uten juridisk risiko. Traktorer får liknende systemer, som hindrer uavhengige teknikere i å bytte ut produsentens originaldeler med tilsvarende originaldeler. Delebytte avvises nemlig av traktorens kontrollsystem inntil den mottar produsentens opplåsingskode.

Nærmere hjemmet bruker Apples iPhone tilsvarende tiltak for å forhindre både tredjepartstjenester og tredjeparts programvareinstallasjon. Dette gjør at Apple kan bestemme når en iPhone ikke kan repareres og må makuleres og legges i avfallsdeponi, i stedet for at iPhone-kjøperen bestemmer dette. (Apple er notorisk kjent for sin negative miljøpolitikk der de ødelegger gammel elektronikk i stedet for tillate gjenbruk av deler.) Dette er en svært nyttig maktutøvelse, spesielt i lys av at administrerende direktør Tim Cook i januar 2019 advarte investorer om at selskapets fortjeneste er truet av kunder som velger å beholde telefonene sine lenger i stedet for å erstatte dem.

Apples bruk av opphavsrettslåser gjør det også mulig å ha monopol på kundenes programvarekjøp til sine mobile enheter. De kommersielle vilkårene på App Store garanterer Apple en andel av alle inntekter generert av programmene som selges der. Det betyr at Apple får betalt når du kjøper et program fra butikken, og deretter fortsetter de å få betalt hver gang du kjøper noe ved hjelp av det programmet. Dette trekkes fra bunnlinjen til programvareutviklere, som enten må ta mer betalt eller akseptere lavere fortjeneste for sine produkter.

Enda mer avgjørende er det at Apples bruk av opphavsrettslåser gir dem makt til å ta redaksjonelle beslutninger om hvilke apper du kan og ikke kan installere på din egen enhet. Apple har brukt denne makten til å avvise ordbøker[16] som de mente inneholdt uanstendige ord; til å begrense politiske uttalelser[17], spesielt fra programmer som

---

[16]`https://www.telegraph.co.uk/technology/apple/5982243/Apple-bans-dictionary-from-App-Store-over-swear-words.html`

[17]`https://www.vice.com/en_us/article/538kan/apple-just-banned-the-app-that-tracks-us-drone-strikes-again`

kommer med følsomme politiske kommentarer, som et program som varsler deg hver gang en amerikansk drone dreper noen et sted i verden; og til å protestere på et spill[18] som kommenterte Israel-Palestina-konflikten.

Apple rettferdiggjør ofte monopolmakt over programvareinstallasjon med sikkerhetshensyn, og hevder at deres kontroll av programmer i butikken sin betyr at de kan beskytte brukerne mot apper som inneholder overvåkingskode. Men dette går begge veier. I Kina beordret regjeringen Apple til å forby salg av personvernsverktøy[19] som VPN, med unntak av VPN-er som med vilje var laget med skavanker utformet for å la den kinesiske staten tyvlytte på brukere. Fordi Apple bruker teknologiske mottiltak — med juridisk beskyttelse — til å blokkere kunder fra å installere uautoriserte programmer, kan ikke kinesiske iPhone-eiere lett (eller lovlig) skaffe seg VPN-løsninger som ville beskytte dem mot kinesisk statssnoking.

Zuboff kaller overvåkingskapitalismen en «løpsk kapitalisme». Kapitalismens teoretikere hevder at dens dyd er at den aggregerer informasjon om forbrukernes beslutninger[20], hvilket igjen skaper effektive markeder. Overvåkingskapitalismens antatte makt til å bemektige seg sine ofres frie vilje gjennom databeregnede, superladede innflytelseskampanjer betyr at våre markeder ikke lenger samler kundenes beslutninger fordi vi kunder ikke lenger bestemmer — vi får ordre fra overvåkingskapitalismens tankekontrollstråler.

Hvis vår bekymring er at markedene slutter å fungere når forbrukerne ikke lenger kan gjøre valg, bør opphavsrettslåser angå oss *minst* like mye som påvirkningskampanjer. En påvirkningskampanje kan dulte deg til å kjøpe et bestemt telefonmerke. men opphavsrettslåser på den samme telefonen bestemmer hvor du kan få det reparert, hvilke programmer som kan kjøre på den, og når du må kvitte deg med den i stedet for å fikse den.

Sortering av søkeresultater og retten til fremtiden

Markeder fremstilles som en slags magi: Ved å oppdage ellers skjult informasjon formidlet av de frie valgene til forbrukerne, blir disse forbrukernes lokale kunnskap integrert i et selvkorrigerende system som gir effektiv fordeling — mer effektive enn noen datamaskin kunne klare. Men monopoler er uforenlige med den fremstillingen. Når du bare har én programbutikk, bestemmer eieren av butikken — ikke forbrukeren — bredden i utvalget. Som Boss Tweed sa en gang: «Jeg bryr meg ikke om hvem som

---

[18]https://www.eurogamer.net/articles/2016-05-19-palestinian-indie-game-must-not-be-called-a-game-apple-says
[19]https://www.ft.com/content/ad42e536-cf36-11e7-b781-794ce08b24dc
[20]https://en.wikipedia.org/wiki/Price_signal

velger, så lenge jeg får nominere». Et monopolisert marked er et valg der kandidatene er utvalgt ut av monopolisten.

Valgfuskets skadepotensiale øker med monopolets makt over sorteringen av søkeresultater. Google sin andel av søkemarkedet er omtrent 90%. Når Googles rangeringsalgoritme legger et resultat for et populært søkeord blant de øverste ti treffene, bidrar det til å bestemme atferden til millioner av mennesker. Hvis Googles svar på «Er vaksiner farlige?» er en side som motbeviser vaksinemotstandernes konspirasjonsteorier, vil en betydelig del av publikum lære at vaksiner er trygge. Hvis Google derimot sender disse menneskene til et nettsted som bekrefter vaksinemotstandernes konspirasjoner, vil en betydelig andel av disse millionene fortsette sine liv overbevist om at vaksiner er farlige.

Googles algoritme blir ofte lurt til å dele ut desinformasjon som et fremtredende søkeresultat. Men i disse tilfellene overtaler ikke Google folk til å ombestemme seg. Det presenteres bare noe usant som faktum når brukeren ikke har noen grunn til å trekke det i tvil.

Dette gjelder enten søket er for «Er vaksiner farlige?» eller «beste restauranter i nærheten av meg». De fleste brukere vil aldri se forbi den første siden med søkeresultater, så når det store flertallet bruker samme søkemotor, vil rangeringsalgoritmen til denne søkemotoren bestemme utallige utfall (om å adoptere et barn, om å ha kreftkirurgi, hvor de skal spise middag, hvor de skal flytte, hvor du skal søke jobb) som i stor grad overgår mulige atferdsutfall diktert av algoritmiske overtalelsesteknikker.

Mange av spørsmålene vi stiller til søkemotorer, har ingen empirisk riktige svar: «Hvor skal jeg spise middag?» er ikke et objektivt spørsmål. Selv spørsmål som har riktige svar («Er vaksiner farlige?») har ikke en empirisk overlegen kilde til det svaret. Mange sider bekrefter sikkerheten til vaksiner, så hvilken går først? Ved konkurranse kan forbrukerne velge mellom mange søkemotorer og holde seg til den der algoritmedommen passer best for dem, men i en monopolsituasjon får vi alle våre svar fra samme sted.

Googles søkedominans er ikke et spørsmål om hva de har fortjent: Selskapet har utnyttet mange taktikker som ville ha vært forbudt med klassisk pre-Ronald-Reagan håndheving av konkurranselovgiving, for å oppnå sin dominans. Tross alt er dette et selskap som har utviklet to store produkter: En veldig god søkemotor og en ganske god Hotmail-klone. Alle andre større suksesser det har hatt — Android, YouTube, Google Maps, etc. — har kommet gjennom et oppkjøp av en gryende konkurrent. Mange av selskapets sentrale divisjoner, som reklameteknologien til DoubleClick, bryter med det historiske antitrustprinsippet om strukturell separasjon, som forbød bedrifter å eie datterselskaper som konkurrerte med moderbedriftens kunder. Jernbaner, for eksempel, ble nektet å eie fraktselskaper som konkurrerte med fraktselskapene de fraktet gods for.

Hvis vi er bekymret for at gigantiske selskaper skal undergrave markeder ved å fjerne forbrukernes evne til å gjøre frie valg, så er kraftig antitrust-håndhevelse et utmerket bøtemiddel. Hvis vi hadde nektet Google å gjennomføre sine mange oppkjøp, ville vi sannsynligvis også ha nektet dem sin totale søkedominans. Uten denne dominansen ville ikke yndlingsteoriene, forutinntattheten, tabbene (samt eksemplene på god dømmekraft) til søkeingeniørene og produktansvarlige hos Google hatt slik enorm effekt på forbrukernes valg.

Dette gjelder også for mange andre selskaper. Amazon, en klassisk overvåkingskapitalist, er åpenbart det dominerende verktøyet for å søke i Amazon — selv om mange mennesker finner veien til Amazon gjennom Google-søk og Facebook-innlegg — og Amazon kontrollerer åpenbart Amazon-søk. Det betyr at Amazon gjør redaksjonelle valg som tjener dem selv — som å fremme sine egne varemerker fremfor rivaliserende varer fra andre selgerne på platformen sin, samt egne yndlingsteorier, forutinntattheter og tabber. Dette bestemmer mye av det vi kjøper på Amazon. Og siden Amazon er den dominerende nettbutikken utenfor Kina, og siden det er oppnådd dominans ved å kjøpe opp både store rivaler og gryende konkurrenter i strid med historiske antitrustregler, kan vi klandre monopolet for å frata forbrukere deres rett til fremtiden og evne til å forme markeder ved å gjøre informerte valg.

Enhver monopolist er ikke en overvåkingskapitalist, men det betyr ikke at de er ute av stand til å styre forbrukervalg på mange vis. Zuboff hyller Apple for sin App Store og iTunes Store, og insisterer på at det å sette prislapper på funksjonene til sine plattformene har vært hemmeligheten bak å motstå overvåking og dermed skape markeder. Men Apple er den eneste forhandleren som har lov til å selge på sine plattformer, og de er den nest største leverandøren av mobilenheter i verden. De uavhengige programvareleverandørene som selger gjennom Apples markedsplass anklager selskapet for de samme overvåkingssyndene som Amazon og andre store forhandlere: å spionere på sine kunder for å finne lukrative nye produkter å lansere, og effektivt å bruke uavhengige programvareleverandører som gratis markedsundersøkelse, for deretter å tvinge dem ut av alle markeder de oppdager.

Takket være bruken av opphavsrettslåser har ikke Apples mobilkunder lov til å endre sine iPhoner til å hente programmer fra en rivaliserende forhandler hvis de ønsker det. I tillegg er Apple åpenbart den eneste aktøren som får bestemme hvordan de rangerer resultatene av søk i butikkene sine. Disse beslutningene sikrer at enkelte programmer installeres ofte (fordi de vises på første side) og andre installeres aldri (fordi de vises på side én million). Apples beslutninger rundt utforming av søk har betydelig større effekt på forbrukeratferd enn påvirkningskampanjer levert av overvåkingskapitalismens annonseroboter.

Monopolister har råd til sovepiller for vakthundene

Bare de mest ekstreme markedsideologene tror at markedene selvregulerer uten statlig tilsyn. Markeder trenger vakthunder — tilsynsmyndigheter, lovgivere og andre demokratiske kontrollelementer — for at de skal være pålitelige. Når disse vaktbikkjene sover på jobben, slutter markedene å aggregere forbrukervalg, fordi disse valgene begrenscs av illegitime og villedende aktiviteter, som selskaper klarer å komme unna med når ingen holder dem ansvarlige.

Men slikt tannløst tilsyn koster dyrt. I konkurranseutsatte sektorer, der rivaler stadig spiser av hverandres marginer, mangler enkeltbedrifter ledig kapital til effektivt å lobbyere for lover og forskrifter som tjener deres formål.

Mye av skaden som overvåkningskapitalismen fører til, er resultat av svak eller manglende regulering. Dette fravær av regulering har sitt utspring i makten monopolistene har til å hindre sterkere regulering og å tilpasse den reguleringen som eksisterer slik at den gjør deres eksisterende forretningsmodell mulig.

Her er et eksempel: Når bedrifter samler inn for mye og lagrer våre data for lenge, så øker de risikoen for å utsettes for datalekkasje. Du kan ikke lekke data du aldri har samlet inn, og når du sletter alle kopier av disse dataene, kan de ikke lenger lekke fra deg. I mer enn et tiår har vi levd gjennom en endeløs rekke av stadig verre datalekkasjer, hver og en av dem helt avskyelig i omfang og i hvor sensive disse datasettene har vært.

Men likevel fortsetter bedrifter å samle inn for mye data og lagre det for lenge, av tre grunner:

1. De er fastlåst i det ovennevnte ødeleggende våpenkappløpet som sloss mot våre evner til å bygge opp oppmerksomhetsforsvar slik at vi kan motstå de nye overtalelsesteknikker deres. De er også låst i et våpenkappløp med sine konkurrenter for å finne nye måter å sikte inn salgsargumenter mot folk. Så snart de oppdager et mykt sted i vårt oppmerksomhetsforsvar (en ikke-intuitiv, ikke-åpenbar måte å spore opp potensielle kjøleskap kjøpere på), begynner publikum å bli oppmerksom på taktikken, og konkurrentene deres hopper på den. Dette igjen fremskynder dagen der alle potensielle kjøleskapskjøpere er immune mot metoden.

2. De tror på fortellingen om overvåkingskapitalismen. Data er billige å samle og lagre, og både tilhengere og motstandere av overvåkingskapitalismen har forsikret ledere og produktutformere om at hvis du samler inn nok data, vil du kunne utøve magisk mental kontroll, og dermed selge mye mer enn tidligere. Selv om du aldri finner ut hvordan du kan tjene på datasettene, vil noen andre til slutt tilby å kjøpe dem fra deg for å gjøre et forsøk. Dette kjennetegner alle økonomiske bobler: Å anskaffe en eiendel ut fra antagelsen om at noen andre vil kjøpe den fra deg for mer enn du betalte for den, ofte for å selge til noen andre til en enda høyere pris.

3. En kan se bort fra straffen for å lekke data. De fleste land begrenser disse straffene til faktiske tap, noe som betyr at forbrukere som har fått sine data misbrukt, må vise til faktiske pengetap for å få en erstatning. I 2014 avslørte Home Depot at de hadde mistet kredittkortdata for 53 millioner av sine kunder. Saken ble avgjort ved å betale disse kundene rundt 0,34 dollar hver — og en tredjedel av de $ 0,34 ble ikke engang betalt i kontanter. Det tok form av en kreditt til å betale for en i stor grad ineffektiv kredittovervåkingstjeneste.

Men skadene fra datalekkasjene er mye mer omfattende enn de faktiske tapene som dekkes av reglene. Identitetstyver og svindlere er kloke og uendelige oppfinnsomme. Alle vårt århundres store datalekkasjer blir kontinuerlig satt sammen på nye måter, datasettene koblet sammen og brukt til nye måter å gjøre folk til ofre når datasettene inneholder informasjon om dem. Enhver fornuftig, bevisbasert teori om avskrekking og kompensasjon for datalekkasjer ville ikke begrense skader til faktiske tap, men ville heller tillate dem som er utsatt for lekkasjene å kreve erstatning for fremtidige tap.

Men selv de mest ambisiøse personvernreglene, som EUs personvernforordning GDPR, er langt unna å ta hensyn til de negative eksterne kostnadene ved plattformenes uaktsomme innsamling av for mye og for lang lagring av data. I tillegg blir ikke straffeutmålingen det åpnes for, aggressivt benyttet av tilsynene.

Denne toleransen for — eller likegyldighet til — innsamling av for mye data og lagring av dem for lenge kan delvis tilskrives plattformenes direkte lobbymakt. De er så lønnsomme at de enkelt kan kanalisere gigantiske summer for å stå i mot enhver reell endring — det vil si en endring som ville tvunget dem til å regnskapsføre de reelle kostnadene til overvåkingsaktivitetene sine.

I tillegg må vi nevne den statlige overvåkningen, som fortellingen om overvåkingskapitalismen avviser som en etterlevning fra en annen tidsalder, da den største bekymringen var å bli fengslet som dissidenter, ikke å få sin frie vilje fjernet med maskinlæring.

Men statlig og privat overvåkning henger nøye sammen. Som vi så tidligere, ble Apple innrullert av de kinesiske myndighetene som en vital samarbeidspartner i deres statlige overvåkning, og den eneste kostnadseffektive og gjennomførbare måten å utføre masseovervåkning på i den skalaen det gjøres av moderne stater, både «frie» og autokratiske stater, er å ta i bruk kommersielle tjenester.

Enten det er Google som brukes som sporingsverktøy for geografisk posisjon av lokale politimyndigheter over hele USA, eller sporing av hva en gjør på sosiale medier som Department of Homeland Security bruker for å bygge mapper om personer som protester mot USAs immigrasjonsmyndigheters (ICE) familieoppsplittingspraksis, så ville eventuelle strengere begrensninger på overvåkingskapitalisme hemme statens egen overvåkingsevne. Uten Palantir, Amazon, Google og andre store teknologileverandører, ville amerikanske politifolk ikke være i stand til å spionere på svarte mennesker, ICE ville ikke være i stand til å bure barn inne ved USAs grense, og statlige velferdssystemer ville ikke være i stand til å tømme sine ventelister ved å kle inn grusomhet som erfaringslære og hevde at fattige og sårbare mennesker ikke kvalifiserer for hjelp. I det minste bør noe av statenes uvilje mot meningsfulle tiltak for å dempe overvåking tilskrives dette symbiotiske forholdet. Det blir ingen statlig masseovervåking uten kommersiell masseovervåking.

Monopolpraksis er nøkkelen til systemet med statlig masseovervåkning. Det er sant at mindre teknologiselskaper er tilbøyelige til å være dårligere sikret enn store teknologiselskaper, da sistnevnte ansetter sikkerhetseksperter valgt ut blant de beste innen sitt felt og gir dem enorme ressurser til å sikre og overvåke systemene sine mot inntrengere. Men mindre selskaper har også mindre å beskytte: færre brukere som har sine datasett oppdelt over flere systemer, og der statlige aktører må kreve beslag fra ett selskap av gangen.

En teknologisektor med få aktører som i tillegg samarbeider med myndighetene, er en mye mektigere alliert i å gjennomføre statlig masseovervåking enn en fragmentert gruppe bestående av flere mindre aktører. Den amerikanske teknologisektoren er liten nok til at alle topplederne fikk plass rundt ett enkelt bord i et styrerom i Trump Tower i 2017, kort tid etter Trumps innsettelse. De fleste av de største aktørene byr på å vinne JEDI, Pentagons anbud på ti milliarder dollar om felles skyinfrastruktur for forsvarssektoren (Joint Enterprise Defense Infrastructure). I likhet med andre svært konsentrerte bransjer roterer storteknologien sine nøkkelansatte inn og ut av offentlige stillinger. Ansatte sendes for å gjøre tjeneste i Forsvarsdepartementet og Det hvite hus, og tidligere Pentagon-ansatte og tidligere Forsvarsdepartementtopper og- offiserer ansettes i storteknologiens egne avdelinger for myndighetsrelasjoner.

Det er til og med en god grunn å gjøre det slik: Tross alt, når det bare er fire eller fem store selskaper i en bransje, så vil alle som er kvalifisert til å regulere disse selskapene ha vært i ledelsen i minst et par av dem, i og med, og av samme grunn, når det bare er fem selskaper i en bransje, så jobber alle som er kvalifisert for en seniorrolle i hver av dem, per definisjon hos en av de andre.

> Selv om overvåking ikke forårsaker monopoler, hjelper monopoler gjerne
> til med overvåking.

Bransjer som er konkurransedyktige er fragmentert, det vil si sammensatt av selskaper som er i strupen på hverandre hele tiden og svekker hverandres marginer ved å komme med tilbud for å stjele de beste kundene fra hverandre. Dette gjør at de har mye mer begrenset kapital til lobbyvirksomhet for å oppnå gunstige regler, og en mye vanskeligere jobb for å få alle til å bli enige om å samle ressursene til fordel for bransjen som helhet.

Overvåking kombinert med maskinlæring er antatt å være en eksistensiell krise, et artsdefinerende øyeblikk hvor vår frie vilje bare er noen få skritt fra å bli utradert. Jeg er skeptisk til denne påstanden, men jeg *tror virkelig* at teknologi utgjør en eksistensiell trussel mot vårt samfunn og muligens vår art.

Men kilden til den trusselen er monopoler.

En av konsekvensene av teknologbransjen gjør tilsynsmyndighetene tannløse, er at den kan flytte ansvaret for dårlige sikkerhetsbeslutninger over på kundene sine og samfunnet generelt. Det er helt normalt for bedrifter i teknologibransjen å tilsløre hvordan produktene deres fungerer, bevisst gjøre dem vanskelig å forstå, samt true sikkerhetsforskere som forsøker å gjennomføre en uavhengig sikkerhetsrevisjon av disse produktene.

IT er det eneste feltet der dette gjøres: Ingen som bygger en bro eller et sykehus holder hemmelig stållegeringen eller ligningene som brukes til å styrkeberegning. Det er en særlig bisarr praksis som fører, gang på gang, til groteske sikkerhetsfeil i et absurd omfang, med hele klasser av enheter avslørt som sårbare lenge etter at de er rullet ut i felt og i bruk på sensitive steder.

Monopolmakten som holder alle meningsfylte konsekvenser av lekkasjer unna, betyr at teknologiselskaper fortsetter å bygge forskrekkelige produkter med usikker utforming, som ender opp med å bli en del av våre liv, i besittelse av våre data, og koblet til vår fysiske verden. Boeing har i årevis slitt med etterdønningene av en rekke dårlige teknologibeslutninger som gjorde deres 737-flåte til en global paria, et sjeldent tilfelle der dårlige tekniske beslutninger har blitt skikkelig straffet i markedet.

Disse dårlige sikkerhetsbeslutningene kombineres så, også her, med opphavsrettslåser som gjør det mulig å håndheve forretningsmessige beslutninger som går ut over forbrukerne. Husk at disse låsene har blitt foretrukket metode for å forme forbrukeratferd, noe som gjør det teknisk umulig å bruke tredjepartsblekk, insulin, programmer eller verksteder til din lovlig innkjøpte eiendel.

Husk også at disse opphavsrettslåsene er støttet av lovgivningen (for eksempel paragraf 1201 i DMCA eller artikkel 6 i EUs opphavsrettsdirektiv fra 2001) som forbyr manipulering («omgåelse») av dem, og disse bestemmelsene har blitt brukt til å true sikkerhetsforskere som avslører sårbarheter uten godkjenning fra produsenter.

Dette er det samme som å gi en produsents vetorett over sikkerhetsadvarsler og kritikk. Selv om dette er langt fra lovgivers intensjon med DMCA og tilsvarende lovgiving rundt om i verden, har Kongressen ikke gjort noe for å klargjøre reglene, og det vil heller ikke skje fordi det ville være å gå mot interessene til mektige, store bedrifter med en ustoppelig lobbyeringsmakt.

Opphavsrettslåser slår to fluer i et smekk: De fører til dårlige sikkerhetsavgjørelser som hverken kan undersøkes fritt eller diskuteres. Hvis markedene skal være maskiner som samle informasjon (og hvis overvåkingskapitalismens fiktive tankekontrollstråler er det som gjør det til en «løpsk kapitalisme» fordi den fjerner forbrukernes makt til å ta beslutninger), gjør et program av juridisk håndhevet uvitenhet om farene med produkter, monopolpraksisen til en større «løpsk kapitalisme» enn overvåkingskapitalismens påvirkningskampanjer.

Og i motsetning til tankekontrollstråler er rettslig håndhevet knebling rundt sikkerhet et umiddelbart, dokumentert problem, og det *utgjør* en eksistensiell trussel mot vår sivilisasjon og muligens vår art. Den eksplosive veksten av usikre enheter — spesielt enheter som spionerer på oss, og spesielt når disse enhetene også kan påvirke den fysiske verden ved for eksempel å styre bilen eller snu en bryter på et kraftverk — er en slags teknologisk gjeld.

I utforming av programvare refererer «teknologisk gjeld» til gamle, innbakte avgjørelser som viser seg å stå seg dårlig i ettertid. Kanskje en utvikler for lenge siden bestemte seg for å bake inn en nettverksprotokoll laget av en leverandør som siden den gang har sluttet å støtte protokollen. Men alt i produktet er fortsatt avhengig av den utdaterte protokollen, og så, ved hver ny utgave, må produktteamet omgå denne foreldede kjernekomponenten, legge til lag for samvirke, omgi den med sikkerhetskontroller for å forsterke forsvaret av den, og så videre. Disse nødtiltakene utgjør gjelden, fordi hver påfølgende ny utgave må ta hensyn også til *dem*, som renter baller på seg på dyrt forbrukslån. Og som et dyrt forbrukslån, stiger gjeldskostnaden raskere enn du kan håpe på å betale den ned: Utviklingsgruppen må legge så mye energi i å holde dette komplekse, skjøre systemet i live, at de ikke har tid til å omstrukturere produktet fra grunnen av og «betale ned gjelden» en gang for alle.

Vanligvis resulterer teknologisk gjeld i en teknologisk konkurs: Produktet blir så skjørt og umulig å vedlikeholde at det svikter katastrofalt. Tenk på de gamle COBOL-baserte bank- og regnskapssystemene som veltet ved starten av pandemikrisen når de ble konfrontert med mengder av arbeidsledighetskrav. Noen ganger gjør dette slutt på produktet; noen ganger tar det selskapet med seg i fallet. Å bli rammet av misligholdt teknologisk gjeld er skremmende og traumatisk, akkurat som å miste huset ditt på grunn av konkurs er skremmende og traumatisk.

Men teknologisk gjeld forårsaket av opphavsrettslåser er ikke individuell gjeld; det er systemisk. Alle i hele verden er utsatt for denne overbelastningen, som under finanskrisen i 2008. Når denne gjelden forfaller — når vi står overfor en kaskade av sikkerhetsbrudd som truer global skipsfart og logistikk, matforsyningen, farmasøytiske produksjonslinjer, nødkommunikasjon og andre kritiske systemer som akkumulerer teknologisk gjeld delvis på grunn av at vi har bevisst usikre og bevisst ikkekontrollerbare opphavsrettslåser — vil det faktisk utgjøre en eksistensiell risiko.

Monopol og vern av privatsfæren

Mange teknologiselskaper har en klokkertro på at om bare de samler nok data om mange nok av våre aktiviteter, så er alt annet mulig — tankekontroll og endeløs fortjeneste. Dette er en hypotese som er umulig å falsifisere: Hvis data gir et teknologiselskap den minste lille forbedring i å forutse eller endre oppførsel, så erklærer selskapet at det har tatt første steg mot global dominans, uten noen ende i sikte. Hvis selskapet *mislykkes* i å oppnå forbedring fra innsamling og analyse av data, så erklærer det at suksessen er rett rundt hjørnet, oppnåelig når det har mere data for hånden.

Overvåkingsteknologi er langt fra den første industrien som omfavner en meningsløs, selvsentrert tro som skader resten av verden, og det er ikke den første industrien til å tjene raust på en slik vrangforestilling. Lenge før hedgefondforvaltere hevdet (feilaktig) at de kunne slå S&P 500, var det nok av andre «respektable» bransjer som hadde blitt avslørt som kvakksalvere i ettertid. Fra skaperne av stikkpiller med radium (helt sant!) til de grusomme sosiopatene som hevdet at de kunne «kurere» homofile mennesker. Historien er fylt med tidligere respektable titaner i diskrediterte næringer.

Dette betyr ikke at det ikke er noe galt med storteknologien og dens ideologiske dataavhengighet. Selv om gevinsten av overvåkningen i stor grad er overdrevet, så er i det minste skadevirkningene *bagatellisert*.

Ironien her er reell. Troen på overvåkingskapitalismen som «løpsk kapitalisme» er drevet av troen på at markeder ikke ville akseptere bedrifter styrt av uriktige oppfatninger. Et oljeselskap som har feilaktige oppfatninger om hvor oljen er, vil etter hvert gå konkurs ved å grave tørre brønner, tross alt.

Men monopolister får gjøre fryktelige ting i lang tid før de betaler prisen. Tenk på hvordan konsentrasjonen i finanssektoren tillot subprime-krisen å spre seg når obligasjonsvurderingsbyråer, tilsynsmyndigheter, investorer og kritikere var under innflytelse av en falsk tro på at kompleks matematikk kunne konstruere «fullt sikrede» gjeldsinstrumenter som ikke kunne misligholdes. En liten bank som engasjerte seg i denne typen feilgrep ville ganske enkelt gå konk i stedet for å løpe fra den uunngåelige krisen, eller kanskje vokse seg så stor at den avverget dette helt. Men store banker var i stand til å fortsette å tiltrekke seg investorer, og da de endelig *feilet*, kausjonerte verdens regjeringer dem ut. De verste aktørene i subprime-krisen har vokst seg større enn de var i 2008, har skaffet seg mer fortjeneste og betaler sine direktører enda større beløp enn da.

Storteknologien kan gjennomføre overvåking ikke bare fordi de er teknologiselskaper, men fordi de er *store*. Grunnen til at hver utgiver på nettet bygger inn en Facebook «Lik»-knapp, er at Facebook dominerer Internetthenvisninger på sosiale medier — og hver og en av disse «Lik»-knappene spioner på alle som besøker en side der knappene er lagt inn (se også bruk av Google Analytics, Twitter-knapper osv.).

Årsaken til at verdens regjeringer har vært trege til å få på plass meningsfull straff for brudd på personvernet, er at storteknologiens konsentrasjon gir store fortjenester som kan brukes til å lobbyere mot disse straffene – og storteknologiens konsentrasjon betyr at de involverte selskapene er i stand til å komme frem til en enhetlig forhandlingsposisjon, som gjør lobbyvirksomheten ekstra kraftig.

Årsaken til at de smarteste ingeniørene i verden ønsker å jobbe for storteknologien er at den rår over brorparten av jobbene i teknologiindustrien.

Årsaken til at folk som er forferdet over Facebooks, Googles og Amazons datahåndteringspraksis, fortsetter å bruke disse tjenestene, er at alle vennene deres er på Facebook mens Google dominerer søk og Amazon har fått alle de lokale kjøpmennene til å pakke sammen.

Et konkurranseutsatt marked ville svekket selskapenes lobbyeringsstyrke ved å redusere fortjenesten deres og sette dem opp mot hverandre i tilsynsorganene. Det ville gitt kundene andre nettbaserte tjenester å velge i. Selskapene ville blitt så små at tilsyn fungerte, og det ville banet vei mot meningsfulle straffer for overtredelser. Det ville gitt ingeniører med idéer som utfordrer troen på overvåking, tilgang på kapital og mulighet til å konkurrere med det etablerte. Det ville gitt utgivere på nettet flere måter å nå publikum på, og gitt dem en mulighet til ikke å bake inn Facebook-, Google- og Twitter i sine utgivelser.

Med andre ord, mens overvåking ikke forårsaker monopoler, bidrar monopoler absolutt til overvåking.

Ronald Reagan, en teknologimonopolenes pionér

Teknologieksepsjonalisme er en synd, enten den praktiseres av teknologiens blinde forkjempere eller av dens kritikere. Begge leirer er tilbøyelige til å bortforklare monopolistisk konsentrasjon ved å fremheve spesielle kjennetegn i teknologibransjen, som nettverkseffekter eller fordelen av å være først på markedet. Den eneste virkelige forskjellen mellom grupperingene er at de som unnskylder teknologibransjen, hevder monopol er uunngåelig, så vi bør bare la teknologien komme unna med sine overgrep. Konkurransemyndigheter i USA og EU sier på sin side også at monopol er uunngåelig, så vi bør straffe teknologiselskapene for deres overgrep, men ikke prøve å bryte opp monopolene.

For å forstå hvordan teknologien ble så monopolistisk, er det nyttig å gå tilbake til da industrien for forbrukerteknologi dukket opp: I1979 lanseres Apple II Plus og blir den første vellykkede hjemmedatamaskinen. Det er også året da Ronald Reagan startet valgkampen for presidentvalget i 1980 — en valgkamp han vant, noe som førte til et radikalt skifte i måten antitrusthensyn håndteres i USA. Reagans kobbel av politikere — inkludert Margaret Thatcher i Storbritannia, Brian Mulroney i Canada, Helmut Kohl i Tyskland og Augusto Pinochet i Chile — fortsatte med å vedta lignende reformer, en politikk som til slutt spredte seg verden over.

Starten på antitrusthistorien finner sted nesten et århundre tidligere med lover som Sherman-loven, som rettet seg mot monopolister med begrunnelsen at monopoler var dårlige i seg selv. Monopoler presser ut konkurrenter, skaper «stordriftsulemper» (når et selskap er så stort at deler av det løper løpsk og selskapet selv tilsynelatende er ute av stand til å løse problemene), og ufarliggjør sine tilsynsorganer i en slik grad at selskapene kan komme unna med mye djevelskap.

Så kom en fabulist ved navn Robert Bork, en tidligere regjeringsadvokat som Reagan utnevnte til å lede den mektige domstolen U.S. Court of Appeals i District of Columbia. Bork hadde, grepet ut av luften, laget en alternativ lovgivningshistorie om Sherman-loven og dens etterfølgere. Bork insisterte på at disse reglene aldri var rettet mot monopoler (til tross for et vell av bevis for det motsatte, inkludert de transkriberte talene til de som skrev lovene), men snarere at de var ment å forhindre «ulemper for forbrukerne» — i form av høyere priser.

Bork var en tulling, men han var en tulling med en teori som rike mennesker virkelig likte. Monopoler er en fin måte å gjøre rike mennesker rikere ved å la dem å motta «monopolleie» (det vil si større fortjeneste) og ved å ufarliggjøre tilsynsmyndighetene. Dette gir igjen et svakere, gunstigere regulatorisk miljø med mindre vern for kunder, leverandører, miljø og arbeidere.

Borks teorier var svært spiselige for de samme maktmenneskene som støttet Reagan. Reagans justisdepartement og andre etater begynte å bake inn Borks antitrustdoktrine i sine beslutninger. (Reagan foreslo til og med Bork til et sete i USAs høyesterett, men Bork strøk så fullstendig på senatets godkjenningshøring at 40 år senere bruker innsidere i Washington D.C. begrepet «borkete» (tilsvarer klønete på norsk) for å referere til noens katastrofalt dårlige politiske prestasjoner).

Litt etter litt kom Borks teorier inn som hovedretning, og teoriens støttegrupper begynte å infiltrere den juridiske utdanningen. Aktører i rettsvesenet ble behandlet med overdådige måltider, morsomme utendørsaktiviteter og seminarer hvor de ble indoktrinert i teorien om at antitrust kun skulle forhindre forbrukerulemper. Jo mer Borks teorier slo rot, jo mer penger tjente monopolistene — og jo mer overskuddskapital hadde de til rådighet for å lobbe i enda flere borkiske antitrust-innflytelseskampanjer.

Fortellingen om Borks antitrustteorier er et veldig godt eksempel på den typen fordekte og konstruerte endringer i opinionen, som Zuboff advarer oss mot, der idéer fra noen få blir til den ortodokse hovedretningen. Men Bork endret ikke verden over natten. Han gjennomførte et veldig langvarig prosjekt, som pågikk i over en generasjon, og han hadde medvind fordi de samme kreftene som støttet oligarkiske antitrustteorier også støttet opp om mange andre oligarkiske endringer i opinionen. For eksempel idéen om at beskatning er tyveri, at rikdom er et tegn på dyd, og så videre — alle disse teoriene ble knyttet sammen for å danne en sammenhengende ideologi som løftet frem ulikhet til en dyd.

I dag frykter mange at maskinlæring gjør det mulig for overvåkingskapitalismen å selge «Bork-som-tjeneste», med effekt like rask som Internett, slik at du kan inngå kontrakt med et maskinlæringsselskap for å konstruere *raske* endringer i offentlige holdninger uten å behøve kapitalen til å holde i gang et flergenerasjonsprosjekt som arbeider på lokalt, statlig, nasjonalt og globalt nivå innen næringsliv, jus og filosofi. Jeg tror ikke at et slikt prosjekt er gjennomførbart, selv om jeg er enig i at dette i utgangspunktet er det plattformene hevder å selge. Det er bare det at de lyver. Storteknologien lyver hele tiden *inkludert* i sitt salgsmateriale.

Idéen om at teknologi danner «naturlige monopoler» (monopoler som er det uunngåelige resultatet av realitetene i en bransje, for eksempel monopolposisjonen som tilflyter det første selskapet som setter opp rikstelefonlinjer eller jernbanelinjer) er motbevist av teknologiens egen historie: Google var, helt uten konkurransehemmende taktikk, i stand til å vippe AltaVista og Yahoo av tronen; Facebook var i stand til å stoppe Myspace. Det er en del fordeler med å samle fjellmassiver av data, men disse datafjellene har også ulemper: ansvar (for lekkasjer), redusert avkastning (fra gamle data), og institusjonell treghet (for store selskaper, på samme måte som for vitenskapen, kommer fremskritt når opponentene dør ut).

Faktisk ble fremveksten av verdensveven en masseutryddelse av de eksisterende gigantiske, svært lønnsomme godseide teknologiene som hadde kapital, nettverkseffekter, samt både murer og vollgraver rundt sine virksomheter. Verdensveven viste at når en ny bransje er bygget rundt en protokoll, i stedet for et produkt, kan den kombinerte kraften til alle som bruker protokollen for å nå sine kunder, brukere, eller samfunn, og at dette har større kraft enn selv de mest massive produktene kan stå imot. CompuServe, AOL, MSN og en rekke andre proprietære siloer, lærte dette på den harde måten: Hvert selskap trodde det kunne holde seg atskilt fra verdensven, og tilbød «kurering» og en garanti for konsistens og kvalitet i stedet for kaoset i et åpent system. Alle tok feil og endte opp med å bli en del av den offentlige verdensveven.

Joda, teknologibransjen er sterkt monopolisert og er i dag nært knyttet til industrikonsentrasjon, men dette har mer å gjøre med når den dukket opp enn sine iboende monopolistiske tendenser. Teknologien ble født samtidig som håndhevelsen av antitrustregler ble fjernet, og teknologien falt inn i nøyaktig de samme dårlige vanene som antitrustregler skulle beskytte mot. Som en første tilnærming er det rimelig å anta at teknologiens monopoler er et resultat av mangel på antimonopol-håndheving og ikke de opphausete unike egenskapene til teknologi, som nettverkseffekt, fordelen av å være først på markedet, og så videre.

Til støtte for denne tesen, kan vi se på konsentrasjonen som alle *andre* bransjer har gjennomgått i samme periode. Fra profesjonell bryting, til varer i forbrukerpakninger, til leie av næringseiendom, til bank, til sjøfrakt, til olje, til plateselskaper, til aviseierskap, til fornøyelsesparker — *hver* bransje har gjennomgått et massivt skifte i retning konsentrasjon. Det er ingen åpenbare nettverkseffekter eller fordeler ved å være først til markedet som utspiller seg i disse bransjene. Men likevel oppnådde disse næringene sin konsentrerte status med taktikker som var forbudt før Borks triumf: Fusjon med store konkurrenter, oppkjøp av nye og nyskapende aktører på markedet, horisontal og vertikal integrasjon, og en rekke konkurransehemmende taktikker, som en gang var ulovlig, men ikke lenger er det.

For å repetere: Når du endrer lovene som er ment å forhindre monopoler, og det deretter dannes monopoler på akkurat den måten loven skulle forhindre, da er det rimelig å anta at disse fakta henger sammen. Teknologikonsentrasjon kan lett forklares uten å ty til radikale teorier om nettverkseffekter — men bare hvis du er villig til å gjøre noe med uregulerte markeder som tenderer mot monopol. Akkurat som en livslang røyker kan gi deg hundre grunner til at røykingen deres ikke forårsaket deres kreft («miljøgiftene har skylda»), har sanne troende i uregulerte markeder en hel samling med overbevisende forklaringer på monopol i teknologibransjen som sikrer fortsatt tro på kapitalismen.

Styring med vindusviskerne

Det er 40 år siden Borks prosjekt om å rehabilitere monopoler tok av. Det er en og en halv generasjon siden, og nok tid til å ta en gjengs idé og få den til å virke besynderlig og omvendt. Før 1940-tallet kledde velstående amerikanere sine babygutter i rosa mens babyjenter hadde blå (en «delikat og lekker» farge). Mens kjønnsfarger åpenbart er helt vilkårlige, møter mange fortsatt denne nyheten med forbauselse og finner det vanskelig å forestille seg en tid da rosa var knyttet til maskulinitet.

Etter 40 år med utstudert ignorering av analyse og håndhevelse av antitrustlovgivning, er det ikke overraskende at vi kollektivt nesten har glemt at antitrust eksisterer. Vi som fortsatt husker det, minnes at vekst gjennom fusjoner og oppkjøp i stor grad var forbudt etter loven, og at strategier for å dominere markedet, som vertikal integrasjon, kunne sende et selskap i retten.

Antitrust er et ratt for samfunnets styring av markedet, og er første skanse for å holde potensielle verdensherskere i sjakk. Men Bork og gjengen hans fjernet rattet vårt for 40 år siden. Bilen raser fortsatt av gårde, så vi rykker så hardt vi kan i alle *andre* spaker i bilen, samt åpner og lukker desperat dørene og ruller vinduene opp og ned i håp om at en av disse andre spakene kan gi oss det vi trenger for å kunne velge retning før vi raser over kanten.

Det er som et virkelighetens science fiction-plott fra sekstitallet: Folk er fanget i et «generasjonsskip» som farer av sted mellom stjernene — et skip som forfedrene en gang styrte. Men nå, etter en stor katastrofe, har skipets mannskap glemt at de er på et skip og ingen vet lenger hvor kontrollrommet er. Hodeløst raser skipet mot slutten, og med mindre vi kan ta tilbake kontrollen og korrigere kursen i tide, så er vi alle på tur mot en grusom død i hjertet av en sol.

Overvåkning betyr fortsatt noe

Ingenting av dette bagatelliserer problemene med overvåking. Overvåkning betyr noe, og storteknologiens bruk av overvåkning *er* en eksistensiell risiko for vår art, men det er ikke fordi overvåking og maskinlæring frarøver oss vår frie vilje.

Overvåking har blitt *mye* mer effektivt takket være storteknologien. I 1989 overvåket Stasi — det østtyske hemmelige politiet — hele landet — et enormt foretak som rekrutterte hver sekstiende person til å tjene som informant eller etterretningsagent.

I dag vet vi at NSA spionerer på en betydelig andel av hele verdens befolkning, og forholdet mellom overvåkingsagenter og overvåket er mer som 1:10.000 (det er sannsynligvis lavere enn dette da tallet forutsetter at hver amerikaner med topphemmelig klarering jobber for NSA med dette prosjektet. Vi vet ikke hvor mange av disse sikkerhetsklarerte personene som er involvert i NSAs spionasje , men det er definitivt ikke alle sammen).

Hvordan kunne forholdstallet for overvåkbare innbyggere endre seg fra 1:60 til 1:10,000 på mindre enn 30 år? Det er takket være storteknologien. Våre dingser og tjenester sender inn de fleste datasettene som NSA samler i sitt overvåkingsprosjekt. Vi betaler for dingsene og tjenestene de kobler seg til, og utfører selv den møysommelig jobben med å registrere data som gir logging av fakta om våre liv, meninger og preferanser. Dette masseovervåkingsprosjektet har i stor grad vært ubrukelig for å bekjempe terrorisme: NSA kan bare peke på en enkelt mindre suksesshistorie[21] der de brukte sitt datainnsamlingsprogram for å hindre et forsøk fra en amerikansk innbygger på å overføre noen få tusen dollar til en oversjøisk terrorgruppe. Det er lite effektivt av nesten samme grunn som kommersielle overvåkingsprosjekter i stor grad er lite effektive for å målrette reklame: Folk som ønsker å begå terrorhandlinger, på samme måte som folk som har tenkt å kjøpe et kjøleskap, er ekstremt sjeldne. Hvis du prøver å oppdage et fenomen der basisandelen bare er én av en million. med et instrument som har en nøyaktighet på bare 99 %, innebærer at hver sanne positive betyr 9999 falske positive.

La meg forklare det igjen: Hvis en av en million mennesker er terrorist, så vil det bare være omtrent en terrorist i et tilfeldig utvalg med en million mennesker. Hvis testen

---

[21]https://www.washingtonpost.com/world/national-security/nsa-cites-case-as-success-of-phone-data-collection-program/2013/08/08/fc915e5a-feda-11e2-96a8-d3b921c0924a_story.html

for å oppdage terrorister er 99 % nøyaktig, vil den identifisere 10.000 terrorister i et utvalg på en million personer (1 % av en million er 10 000). For hver sann positiv, vil du få 9 999 falske positive.

I virkeligheten er nøyaktigheten for algoritmisk gjenkjenning av terrorisme langt under 99 %-merket, det samme er målrettingen av kjøleskapsannonser. Forskjellen er at å bli feilaktig anklaget for å ville kjøpe et kjøleskap er en mindre plage, mens feilaktig å bli anklaget for å planlegge et terrorangrep kan det ødelegge livet ditt og livene til alle du elsker.

Statlig masseovervåking er bare mulig takket være overvåkingskapitalismen og dens ekstremt lite treffsikre systemer for målretting av reklame, som krever konstant påfyll av personopplysninger for å såvidt holde det gående. Overvåkingskapitalismens primære måte å feile på er annonser som ikke treffer riktig publikum, mens statlig masseovervåkingens primære måte å feile på er groteske menneskerettighetsbrudd, som tenderer mot et totalitært samfunn.

Men statlig overvåking er ikke bare en snylter på storteknologien, en som suger data derfra uten å gi noe tilbake. I virkeligheten er de to i symbiose: Storteknologien suger opp våre data for spionbyråer, og spionbyråene sikrer at regjeringene ikke begrenser storteknologiens aktiviteter så sterkt at det ikke lenger kan tjene spionbyråenes behov. Det er intet klart skille mellom statlig overvåking og overvåkingskapitalisme. De er avhengige av hverandre.

For å se hvordan dette virker i dag,trenger vi ikke se lenger enn til Amazons hjemmeovervåkingsenhet: Dørklokken Ring og den tilhørende appen Neighbors. Ring — et produkt som Amazon kjøpte og ikke utviklet internt — er en kameraaktivert dørklokke som strømmer videoopptak fra inngangsdøren til mobilenheten din. Neighbors-programmet lar deg danne et overvåkingsnett for hele nabolaget med andre Ring-eiere, der du kan dele klipp av «mistenkelige individer». Hvis du tenker at dette høres ut som en oppskrift på å la rasister bak gardinene virkelig gi krefter til sine mistanker mot personer med brun hud som går langs gatene, har du rett[22]. Ring har blitt en, *de facto* og uoffisiell, forlengelse av politiet uten irriterende overoppsyn eller regler.

I midten av 2019 avslørte en rekke innsynsforespørsler at Amazon hadde inngått konfidensielle avtaler med mer enn 400 lokale politimyndigheter, der myndighetene skulle markedsføre Ring og Neighbors mot å få tilgang til opptak fra Ring-kameraene. I teorien måtte politifolk be om tilgang til disse opptakene gjennom Amazon (og interne dokumenter viser at Amazon setter av betydelige ressurser for å trene opp politifolk i hvordan lage en troverdig forklaring når de gjør dette), men hvis en Ring-kunde avviser en forespørsel fra politiet, så krever i praksis Amazon kun at

---

[22]https://www.eff.org/deeplinks/2020/07/amazons-ring-enables-over-policing-efforts-some-americas-deadliest-law-enforcement

myndighetene retter en formell henvendelse om opptaket til selskapet, for å få det utlevert.

Ring og politiet har funnet mange måter å flette sammen sine aktiviteter på. Ring inngår hemmelige avtaler for å skaffe sanntidstilgang til amerikanske nødtelefonsoppdrag og strømmer deretter alarmerende meldinger om kriminalitet til brukere av Neighbors. Dette igjen bidrar til å overbevise enhver som vurderer en overvåkningsdørklokke, men ennå ikke er overbevist om at nabolaget deres er så farlig at det trengs.

Jo mer politiet markedsfører overvåkingskapitalisten Ring, jo større overvåkingsevne får staten. Politifolk som baserer seg på private aktører for sin rettshåndhevelse, argumenterer mot kontroll av og tilsyn med utrullingen av denne teknologien, mens selskapene gjengjelder tjenesten i form av lobbyvirksomhet mot regler med krav om offentlig overoppsyn med politiets overvåkingsteknologi. Jo mer politiet stoler på Ring og Neighbors, desto vanskeligere vil det være å vedta lover mot dem. Jo færre lover mot dem, jo mer vil politiet stole på dem.

Verdighet og tilfluktsted

Men selv om vi kunne utøve demokratisk kontroll over våre stater og tvinge dem til å slutte å ransake overvåkingskapitalismens reservoarer av atferdsdata, så ville overvåkingskapitalismen fortsatt skade oss.

Dette er et område der Zuboff glimter til. Hennes kapittel om «tilfluktsted» — følelsen av å ikke bli observert — er en nydelig hyllest til introspeksjon, ro, oppmerksomt nærvær og stillhet.

Noe endres når du blir overvåket. Alle som har oppdratt et barn, vet dette. Du kan se opp fra boken din (eller mer realistisk, fra mobilen) og fange barnet ditt i et øyeblikk av dyp realisering og vekst, et øyeblikk hvor de lærer noe som er helt i utkanten av deres evner, som krever fullstendig og intens konsentrasjon. Et øyeblikk er du oppslukt, har det sjeldne og vakre øyeblikket i fokus og ser det spille seg ut foran øynene dine. Så ser barnet opp og oppdager at du ser på, og øyeblikket kollapser. For å vokse, trenger du å være og vise ditt sanne jeg, og i det øyeblikket er du sårbar som en eremittkrabbe som skynder seg fra ett skall til det neste. Den ømme, ubeskyttede overflaten du viser i det øyeblikket, er for delikat til å avsløre i nærvær av andre, selv noen du stoler så betingelsesløst på som et barn stoler på sine foreldre.

I den digitale tidsalder er vårt sanne jeg uløselig knyttet til våre digitale liv. Søkehistorikken din er en løpende oversikt over spørsmålene du har fundert over. Posisjonshistorikken din er et arkiv over steder du har trukket mot og opplevelsene du har hatt der. Din sosiale graf avslører de ulike sidene av identiteten din, og folkene du er knyttet til.

38

Å få disse aktivitetene observert er å miste tilfluktstedet for ditt sanne jeg.

Det er en annen måte overvåkingskapitalismen frarøver oss vår evne til selv å være vårt sanne jeg: Ved å gjøre oss engstelige. Overvåkingskapitalismen er ikke egentlig en tankekontrollstråle, men du trenger ikke en tankekontrollstråle for å gjøre noen engstelige. Et annet ord for angst er å være opprørt, og for å få noen til å bli opprørt, trenger du bare å opprøre dem: Å pirke i dem og peke på dem og pipe mot dem og mumle mot dem og bombardere dem med et periodisk tidsskjema som er akkurat tilfeldig nok til at nervesystemet deres aldri helt blir vant til det.

Våre dingser og tjenester har «generelt formål»; de kan koble hva som helst og hvem som helst til hva som helst og hvem som helst, og de kan kjøre ethvert program som kan lages. Dette betyr at distraksjonsrektanglene i våre lommer vokter våre mest verdifulle øyeblikk med våre kjæreste og de mest presserende eller tidskritiske meldinger fra dem (fra «blir sen, kan du hente ungen?» til «legen ga med dårlige nyheter og jeg trenger å snakke med deg MED EN GANG») i tillegg til reklamer for kjøleskap og rekrutteringsfremstøt fra nynazister.

Dag og natt vibrerer lommene våre, knuser konsentrasjonen vår og river i stykker de skjøre edderkoppspinnene av sammenhenger vi spinner når vi tenker gjennom vanskelige idéer. Hvis du låste noen inne i en celle og forstyrret dem på dette viset, så ville vi kalt det «søvnnektingstortur», og det ville vært en krigsforbrytelse i følge Geneve-konvensjonen[23].

Pine de plagede

Effekten overvåkning har på vår evne til å være vårt sanne jeg, er ikke lik for alle mennesker. Noen av oss er heldige nok til å leve i en tid og på et sted der de viktigste fakta om våre liv i stor grad er sosialt aksepterte og kan vises frem offentlig uten risiko for sosiale konsekvenser.

Men for mange av oss er dette ikke tilfelle. Husk at i manns minne var mange av væremåtene som vi i dag tenker på som sosialt akseptable, årsak til alvorlig sosiale sanksjoner eller til og med fengsling. Hvis du er 65 år gammel, har du levd i en tid hvor folk som bor i «frie samfunn» kunne bli fengslet eller sanksjonert for å delta i homoseksuell aktivitet, for å forelske seg i en person hvis hud var en annen farge enn din egen, eller for å røyke hasj.

I dag er disse aktivitetene ikke bare avkriminalisert i store deler av verden, de anses som normale, og de forhenværende forbudene anses som skamfulle, forkastelige relikvier fra fortiden.

---

[23]https://www.youtube.com/watch?v=1SKpRbvnx6g

Hvordan gikk vi fra forbud til normalisering? Ved hjelp av privat og personlig aktivitet: Folk som var homofile i skjul, eller som var hasjrøykere i smug, eller som i hemmelighet elsket noen med en annen hudfarge, var alle sårbare for gjengjeldelse hvis de gjorde sitt sanne jeg kjent, og det var begrenset hvor mye de kunne fremme sine egne rettigheter i samfunnet og slik være tro mot seg selv. Men fordi det var en privatsfære, så kunne disse folkene danne allianser med sine kjære og sine venner som ikke delte deres uglesette egenskaper, ved å ha private samtaler der de kom ut av skapet og avslørte sitt sanne jeg til folkene rundt dem og bringe dem over på sin side, en samtale av gangen.

Retten til å velge tid og sted for disse samtalene var nøkkelen til at de lyktes. Det er en ting å komme ut av skapet overfor faren din mens dere er på fisketur langt unna allfarvei, og en helt annen ting å plumpe ut med det over julemiddagen mens din rasistiske Facebook-onkel er der for å lage en scene.

Uten en privatsfære er det mulig at ingen av disse endringene hadde skjedd, og at folkene som dro nytte av disse endringene enten hadde møtt sosiale sanksjoner for å komme ut av skapet i en fiendtlig verden eller aldri ville vært i stand til å vise sitt sanne jeg til folkene de er glade i.

Det følger av dette at med mindre du tror at vårt samfunn har oppnådd sosial perfeksjon — at barnebarna om 50 år vil be deg om å fortelle dem historien om hvordan, i 2020, hver urettferdighet hadde blitt korrigert og ingen ytterligere endring måtte gjøres — så bør du forvente at akkurat nå, i dette øyeblikk, er det folk du elsker, hvis lykke henger sammen med din egen, som har en hemmelighet i sine hjerter som hindrer dem fra å være sitt sanne jeg sammen med deg. Disse menneskene er sorgfulle og vil gå i graven med den hemmelige sorgen i sine hjerter, og kilden til denne sorgen vil være falskheten i forholdet deres til deg.

En privatsfære er nødvendig for menneskelig fremgang.

Alle data du samler og tar vare på, vil til slutt lekke ut

Mangelen på privatliv kan frarøve sårbare folk sjansen til å være sitt sanne jeg og begrense våre handlinger ved å berøve oss vårt tilfluktsted. Det er dog en annen risiko som belastes oss alle, ikke bare folk med en hemmelighet: Kriminalitet.

Personlig identifiserende informasjon har svært begrenset nytte når formålet er å kontrollere folks sinn, men identitetstyveri — i virkeligheten et samlebegrep for en hel konstellasjon av forferdelige kriminelle aktiviteter som kan ødelegge din økonomi, kompromittere din personlige integritet, ødelegge ditt rykte, eller til og med utsette deg for fysisk fare — blomstrer med slik informasjon.

Angripere er ikke begrenset til bruk av data fra én lekket kilde heller. Innbrudd hos flere tjenester har avslørt navn, adresser, telefonnumre, passord, seksuell tilbøyelighet, skolekarakterer, arbeidsytelse, trefninger med strafferetten, familiedetaljer, genetisk informasjon, fingeravtrykk og annen biometri, lesevaner, søkehistorikk, litterær smak, pseudonymer, og annen sensitiv informasjon. Angripere kan slå sammen data fra disse forskjellige innbruddene for å bygge opp ekstremt detaljerte mapper om vilkårlige personer, og deretter bruke ulike deler av datasettet til ulike kriminelle formål.

Angripere kan for eksempel bruke lekkede brukernavn- og passordkombinasjoner til å kapre hele flåter av kommersielle kjøretøy som er utstyrt med GPS-sporing og startsperre for å hindre tyveri[24] eller å kapre babycall-er for å terrorisere småbarn med lydspor fra pornografi[25]. Angripere bruker lekkede data til å lure telefonselskaper til å gi dem kontroll over telefonnummeret ditt, deretter fanger de opp SMS-baserte tofaktorautentiseringskoder for å ta over e-post, bankkonti og/eller kryptovaluta-lommebøker.

Oppfinnsomheten til angripere har ingen grenser i jakten på kreative måter å gjøre lekkede data til våpen. En vanlig bruk av lekkede data er å trenge inn i bedrifter for å få tilgang til *mer* data.

På samme måte som spioner, er nettsvindlere helt avhengig av at selskapenes samler inn for mye av våre data og beholder dem for lenge. Spionetater betaler noen ganger selskaper for tilgang til datasettene deres, eller skremmer dem til å oppgi datasettene, mens noen ganger oppfører de seg akkurat som kriminelle — ved å tuske til seg data fra selskapenes databaser[26].

Å samle inn for mye data har en rekke grufulle sosiale konsekvenser, fra erosjonen av vårt sanne jeg til undergraving av sosial fremgang, fra statlig overvåking til en epidemi av kriminalitet på nettet. Kommersiell overvåking er også en fordel for folk som kjører påvirkningskampanjer, men det er vårt minste problem.

Kritisk teknologieksepsjonalisme er fortsatt eksepsjonalisme

Storteknologien har lenge praktisert teknologieksepsjonalisme: Idéen om at de ikke bør underlegges vanlige lover og normer fra «den fysiske verden». Slagord som

---

[24]https://www.vice.com/en_us/article/zmpx4x/hacker-monitor-cars-kill-engine-gps-tracking-apps

[25]https://www.washingtonpost.com/technology/2019/04/23/how-nest-designed-keep-intruders-out-peoples-homes-effectively-allowed-hackers-get/?utm_term=.15220e98c550

[26]https://www.bbc.com/news/world-us-canada-24751821

Facebooks «full fart og ta sjanser» (Move fast and break things) tiltrakk seg berettiget hån av selskapenes selvsentrerte retorikk.

Teknologieksepsjonalisme ga oss alle mye trøbbel, så det er ironisk og foruroligende å se storteknologiens kritikere synde på samme vis.

Storteknologien er ikke en «løpsk kapitalisme» som er fristilt tradisjonelle rettslige grep for å bryte opp monopoler (tvunget salg av kjøpte konkurrenter), forbud mot fusjoner som gir monopol og andre konkurransehemmende taktikker. Storteknologien har ikke evnen til å bruke maskinlæring til å påvirke vår oppførsel så gjennomgående at markedene mister evnen til å straffe dårlige aktører og belønne dyktigere konkurrenter. Storteknologien har ingen tankekontrollstråle som endrer reglene og gjør det nødvendig å avvikle vår gamle verktøykasse.

Saken er den at folk har hevdet å ha perfeksjonert tankekontrollstråler i århundrer, og hver gang har det vist seg å være svindel — men noen ganger bedro svindlerne også seg selv.

I generasjoner har reklamebransjen stadig forbedret sin evne til å selge reklametjenester til bedrifter, samtidig som de bare har oppnådd marginale gevinster med å selge disse bedriftenes produkter til potensielle kunder. John Wanamakers klage over at «halvparten av pengene jeg bruker på annonsering, er bortkastet. Jeg vet bare ikke hvilken halvpart» er egentlig en hyllest til *reklamebyråledelsen* , som med hell overbeviste Wanamaker om at bare halvparten av pengene han brukte gikk til spille.

Teknologibransjen har blitt enormt mye bedre til å overbevise bedrifter om at de er flinke til å markedsføre, mens deres faktiske forbedringer i markedsføring — i motsetning til målretting — har vært så som så. Moteordet maskinlæring — og den mystiske henvisningen til «kunstig intelligens» som et synonym for enkle statistiske interferens-teknikker — har i stor grad styrket effekten av storteknologiens salgsargumenter, der markedsfolk har utnyttet potensielle kunders mangel på teknisk forståelse for å komme unna med et oversalg og en underlevering som kan ta pusten fra deg.

Det er fristende å tenke at hvis bedrifter er villige til å legge milliarder inn i et vågestykke, må det være et godt et. Likevel er det mange ganger denne tommelfingerregelen har ført oss på villspor. For eksempel er det nærmest uhørt at forvaltede investeringsfond gjør det bedre enn rene indeksfond, og investorer som legger pengene sine i hendene på ekspertforvaltere, gjør det langt dårligere enn de som overlater sine sparepenger til indeksfond. Men forvaltede fond har fortsatt størstedelen av markedsinvesteringene, og de benyttes av noen av de rikeste, mest sofistikerte investorene i verden. Deres tillitserklæring til en underpresterende sektor vitner om flaksens rolle i akkumulering av rikdom, og er ikke et tegn på at forvaltede fond er et godt kjøp.

Påstandene om storteknologiens tankekontrollsystem er fulle av tegn på at hele foretaket er svindel. For eksempel, avhengigheten av de «fem store» personlighetstrekkene[27] som hovedmetode for å påvirke mennesker, selv om de «fem store»-teorien ikke støttes av noen store, fagfellevurderte studier og for det meste hører til aggressiv markedsføring og pop-psykologi[28].

Storteknologiens markedsføringsmateriale påstår også at deres algoritmer kan utføre presis «sinnsstemningsanalyse» eller oppdage hvordan folk har det, basert på deres «mikrouttrykk». Dette er markedsføringspåstander, ikke vitenskapelige funn[29]. Disse metodene er stort sett ikke testet av uavhengige vitenskapelige eksperter, og der de har blitt testet, har de kommet til kort. Mikrouttrykk er spesielt tvilsomt, gitt at selskapene som spesialiserer seg i å lære opp folk til å oppdage dem har vist seg[30] å treffe dårligere enn hvis en brukte terningkast.

Storteknologien har vært så flink på å markedsføre sine såkalte superkrefter at det er enkelt å tro at de kan markedsføre alt annet med like stor suksess, men det er en tabbe å tro på oppstusset. Enhver uttalelse et selskap kommer med om kvaliteten på produktene sine, er åpenbart ikke upartisk. Det er rimeligvis et faktum at vi ikke stoler på alt storteknologien sier om sin håndtering av data, overholdelse av personvernlovgiving og så videre. Så hvorfor skulle vi behandle storteknologiens markedsføringsmateriell som en gudegitt sannhet? Storteknologien lyver om nesten *alt*, innbefattet hvor godt dens maskinlæringsdrevne overtalelsessystemer virker.

Denne skepsisen bør inngå i alle våre evalueringer av storteknologien og dens antatte evner, inkludert vår granskning av patentene. Zuboff tillegger disse patentene en enorm betydning, og peker på at Google påberopte seg omfattende nye overtalelsesmuligheter i sine patentsøknader[31]. Disse påstandene er dobbelt mistenkelige: for det første fordi de er til egen fordel, og for det andre fordi et patent i seg selv legger opp til å overdrive.

Patentsøknader består av en rekke patentkrav som spenner fra brede til smale. Et typisk patent starter med å hevde at forfatterne har oppfunnet en metode eller system for å gjøre alle tenkelige ting som noen kan gjøre, noensinne, med noe verktøy eller dings. Så snevres kravet inn i påfølgende steg til vi kommer til selve «oppfinnelsen» som er patentets egentlige tema. Håpet er at patentkontrolløren — som nesten helt sikkert er overarbeidet og underinformert — vil gå glipp av det faktum at noen eller alle disse påstandene er latterlige, eller i det minste mistenkelige, og innvilge patentets bredere krav. Patenter på ting som ikke kan patenteres er fortsatt utrolig nyttige, fordi de kan benyttes mot konkurrenter som både kan tenkes å lisensiere dette patentet,

---

[27] https://www.frontiersin.org/articles/10.3389/fpsyg.2020.01415/full
[28] https://www.wired.com/story/the-noisy-fallacies-of-psychographic-targeting/
[29] https://www.npr.org/2018/09/12/647040758/advertising-on-facebook-is-it-worth-it
[30] https://theintercept.com/2017/02/08/tsas-own-files-show-doubtful-science-behind-its-behavior-screening-program/
[31] https://patents.google.com/patent/US20050131762A1/en

eller tvinges til å styre klar av disse patentkravene i stedet for å påføre seg selv den langvarige, og dyre, prosessen det er å bestride patentet.

Hva mer er, så tildeles programvarepatenter rutinemessig selv om søkeren ikke har noe bevis på at de kan gjøre det som hevdes i patenten. Det betyr at du kan ta patent på en «oppfinnelse» som du egentlig ikke har laget, og som du heller ikke vet hvordan skal lages.

Når vi har vet dette, blir det åpenbart at det faktum at et storteknologiselskap har patentert hva det *sier* er en effektiv tankekontrollstråle, i stor grad er irrelevant for om storteknologien faktisk kan kontrollere våre sinn.

Det er mange grunner til at storteknologien samler inn dataene våre, inkludert det at de får stadig lavere gevinst fra eksisterende datalagre. Men mange teknologiselskaper samler også inn data basert på teknologieksepsjonalistisk tiltro til nettverkseffektene til data. Nettverkeffekter oppstår når hver ny bruker i et system øker verdien. Det klassiske eksemplet er faksmaskiner: En enkelt faksmaskin er til ingen nytte, to faksmaskiner er til begrenset bruk, men hver ny faksmaskin som tas i bruk etter den første, dobles antall mulige faks-til-faks-forbindelser.

Data hentet ut til systemer som skal forutsi fremtiden gir ikke nødvendigvis denne gevinsten. Tenk på Netflix: Evnen til å forutsi brukeroppførsel basert på data som hentes inn fra en million engelsktalende Netflix-seere, forbedres knapt ved å legge til data fra enda en bruker. Det meste av data Netflix henter inn etter det første minimale og fungerende datasettet, dupliserer eksisterende data og gir bare minimal forbedring. I mellomtiden blir nye data stadig dyrere etter hvert som antall enkeltverdier øker, da manuelle oppgaver som merking og validering av data ikke blir billigere etter hvert som antallet øker.

Selskaper følger moter til skade for egen fortjeneste stadig vekk, spesielt når bedrifter og deres investorer ikke er motivert av muligheten for lønnsomhet, men heller av å bli børsnotert eller kjøpt opp av en storteknologigigant. For disse firmaene kan det å passe inn i moteegenskaper, som «samler inn så mye data som mulig», gi større avkastning på investeringen enn å kun passe til «opererer med forretningstilpassede datamengder».

Dette er en annen skadevirking fra teknologieksepsjonalisme: Troen på at mer data alltid gir økt fortjeneste i form av mer innsikt som gir til bedre tankekontrollstråler, får bedrifter til å samle inn for mye data og beholde data for lenge og langt ut over det som gir mening. Og siden selskapene oppfører seg irrasjonelt, vil et betydelig antall av dem gå konkurs og bli til spøkelsesskip hvis lasterom er fylt med data som kan påføre folk skader på mange vis — men der ingen lenger er ansvarlig. Selv om selskapene ikke går under, voktes datasettene de samler inn bak et minimum av sikkerhetstiltak — akkurat nok sikkerhet til å holde selskapet i live, mens det venter på å bli kjøpt opp av en teknologigigant, med utgiftene til sikring beregnet til å ikke være en krone mer enn det som er nødvendig for å beskytte datasettene.

Hvordan monopoler, ikke tankekontroll, driver overvåkingskapitalisme: Historien om Snapchat

Det første tiåret etter oppstarten konkurrerte Facebook med datidens sosiale mediegiganter (Myspace, Orkut, og så videre) ved å presentere seg som privatsfærevennlig alternativ. Faktisk begrunnet Facebook sin siloløsning — som lot brukerne hente inn data fra nettet mens den blokkerte nettjenester som Google-søk fra å indeksere og mellomlagre Facebook-sider — som et personvernsfremmende tiltak som beskyttet brukerne mot overvåkingsglade vinnere av krigene om sosiale medier, som Myspace.

Til tross for hyppige løfter om at de aldri ville samle inn eller analysere brukernes data, satte Facebook med jevne mellomrom i gang med nettopp det. Et eksempel er det skumle og pinlige Beacon-verktøyet, som spionerte på deg når du beveget deg rundt på nettet og deretter la ut din nettaktivitet på din offentlige tidslinje, slik at vennene dine kunne følge med på surfevanene dine. Beacon utløste et brukeropprør. Facebook trakk seg hver gang fra sitt overvåkingsinitiativ, men ikke helt tilbake. Uvegerlig overvåket det nye Facebook mer enn den gamle, men ikke fullt så overvåkende som Facebook i en overgangsfase var rett etter lanseringen av nytt produkt eller tjeneste.

Hvor raskt Facebook økte sin overvåkningsinnsats ser ut til å ha vært styrt av det konkurransemessige landskapet rundt Facebook. Jo flere konkurrenter Facebook hadde, jo bedre oppførte de seg. Hver gang en stor konkurrent brøt sammen, så ble oppførselen til Facebook markant verre[32].

Samtidig kjøpte Facebook enormt mange selskaper, inkludert et selskap som heter Onavo. I utgangspunktet laget Onavo en batteriovervåkingsapp. Men tillatelsene som Onavo krevde var så omfattende at appen var i stand til å samle inn finkornet telemetri på alt brukerne gjorde med telefonene sine, inkludert hvilke apper de brukte og hvordan de brukte dem.

Ved hjelp av Onavo oppdaget Facebook at de mistet markedsandeler til Snapchat, en app som presenterte seg — som Facebook et tiår tidligere — som privatsfærevennlig alternativ til status quo. Ved hjelp av Onavo kunne Facebook hente ut data fra dingsene til Snapchat-brukere, inkludert både nåværende og tidligere Snapchat-brukere. Dette ansporet Facebook til å kjøpe Instagram — som hadde noen egenskaper som konkurrerte med Snapchat — og som deretter gjorde det mulig for Facebook å finjustere Instagrams funksjoner og markedsmateriell for å ta vekk Snapchats fordeler og sikre at Facebook ikke måtte møte samme type konkurransepress det tidligere hadde påført Myspace og Orkut.

Historien om hvordan Facebook knuste Snapchat avslører forholdet mellom monopol og overvåkingskapitalisme. Facebook kombinerte overvåking med slapp håndhevelse

---

[32]`https://papers.ssrn.com/sol3/papers.cfm?abstract_id=3247362`

av konkurranselovgivingen til å oppdage den kommende konkurransemessige trusselen fra Snapchat og deretter gjennomføre avgjørende tiltak mot den. Facebooks overvåkingskapitalisme lar den avverge konkurransepress med konkurransehemmende taktikker. Facebook-brukere ønsker fortsatt vern av privatsfæren — Facebook har ikke brukt overvåking til å hjernevaske dem fra dette — men de kan ikke få det fordi Facebooks overvåkning lar Facebook knuse ethvert håp om at en rivaliserende tjeneste dukker opp som konkurrerer på personvernegenskaper.

Et monopol over vennene dine

En desentraliseringsbevegelse har forsøkt å fjerne dominansen til Facebook og andre storteknologi-selskaper ved å bringe frem «indieweb»-alternativer — Mastodon som et Twitter-alternativ, Diaspora som et Facebook-alternativ, og så videre — men disse forsøkene har på ingen måte tatt av.

I bunn og grunn er hver av disse tjenestene hemmet av det samme problemet: Hver potensiell bruker av et Facebook- eller Twitteralternativ må overbevise alle vennene sine om å følge dem til en desentralisert Internettalternativ for å fortsatt ha glede av fordelene med sosiale medier. For mange av oss er den eneste grunnen til å ha en Facebook-konto at vennene våre har Facebook-kontoer, og grunnen til at de har Facebook-kontoer er at *vi* har Facebook-kontoer.

Alt dette har ført til at Facebook — og andre dominerende plattformer — er blitt til «dødsoner» der investorer ikke vil finansiere nye deltakere.

Og likevel dukket alle dagens teknologigiganter opp, til tross for den befestede fordelen selskapene som kom før dem hadde. For å forstå hvordan det skjedde, må du forstå både samvirke og rivaliserende samvirke.

> Det vanskelige problemet for vår art er koordinering.

«Samvirke» er å få to teknologier til å virke sammen: Hvem som helst kan lage en LP-plate som vil spille på en hvilken som helst platespiller, et filter du kan installere i ovnens avtrekksvifte, bensin til bilen din, USB-telefonlader som passer i bilens sigarettenneruttak, en lyspære som fungerer i lyspæresokkelen din, og brød som kan ristes i brødristeren din.

Samvirke er ofte en kilde til nyskapning og fordeler for forbrukerne: Apple laget den første kommersielt vellykkede PC-en, men millioner av uavhengige programvareleverandører laget programmer som virket sammen med og kjørte på Apple II Plus. De enkle analoge antenneinngangene på baksiden av TV-ene gjorde det mulig for de første kabeloperatører å koble seg direkte på TV-er, deretter gjorde de det mulig for spillkonsollselskaper og deretter personlige datamaskinselskaper å bruke standard-TV-er som skjermer. Standard RJ-11-telefonkontakter åpnet for produksjon av telefoner fra en rekke leverandører i en rekke former, fra den gratis fotballformede telefonen som fulgte med et *Sports Illustrated*-abonnement, til bedriftstelefoner med høyttalere, hold-funksjoner og så videre, og deretter telefonsvarere og til slutt modemer, som banet vei for Internett-revolusjonen.

«Samvirke» brukes ofte om hverandre med «standardisering», som er prosessen når produsenter og andre interessenter hamrer ut et sett med avtalte regler for å ta i bruk en teknologi, for eksempel den elektriske pluggen i veggen, CAN-bussen som brukes av bilens datasystemer, eller HTML-instruksjonene som nettleseren tolker.

Men samvirke krever ikke standardisering — standardisering kommer ofte som et resultat av kaoset som spesialtilpasset samvirke fører med seg. Oppfinneren av USB-laderen for sigarettennere trengte ikke å få tillatelse fra bilprodusenter eller produsentene av kontrollpanelets sigarettennerkontakt. Bilprodusentene satte ikke igang mottiltak for å forhindre bruk av slikt ettermarkedstilbehør overfor sine kunder, men de gjorde heller ikke noe for å gjøre livet enklere for produsentene av slike ladere. Dette er et slags «nøytralt samvirke».

I tillegg til nøytralt samvirke kommer «rivaliserende samvirke». Det er når en produsent lager et produkt som virker sammen med en annen produsents produkt *til tross for den andre produsentens innvendinger,* og *selv om det betyr å omgå et sikkerhetssystem som er utformet for å forhindre samvirke.*

Den mest kjente formen for rivaliserende samvirke er trolig tredjeparts skriverblekk. Skriverprodusenter hevder at de selger skrivere til underpris, og at den eneste måten de kan hente inn tapene de pådrar seg på, er ved å ta et større påslag på blekk. For å hindre at eierne av skrivere kjøper blekk andre steder, legger skriverselskapene inn en pakke med forbrukerfiendtlige sikkerhetssystemer som oppdager og avviser både etterfylte blekkpatroner og tredjepartspatroner.

Eiere av skrivere tar utgangspunkt i at HP, Epson og Brother ikke er veldedige organisasjoner, og at deres kunder ikke er forpliktet til å hjelpe dem å overleve, og hvis selskapene velger å selge sine produkter med tap, så er det deres tåpelige valg som de må leve med. På samme måte ser konkurrenter som lager blekkpatroner eller påfyllingssett at de ikke skylder skriverselskaper noe, og at skriverselskapenes reduserte marginer er skriverselskapenes problemer, ikke konkurrentenes. Skriverselskapene gråter tross alt ingen tårer når de presser en produsent av påfyll ut av markedet, så hvorfor skal påfyllprodusentene bekymre seg med den økonomiske velstanden til skriverselskapene?

Rivaliserende samvirke har spilt en stor rolle i teknologibransjens historie, fra opprettelsen av Usenet-hierarkiet «alt.*» (som ble startet i strid med ønskene til de som vedlikeholdt Usenet, og som vokste til å bli større enn resten av Usenet til sammen), til nettleserkrigene (der Netscape og Microsoft la inn en massiv ingeniørinnsats for å gjøre sine nettleserne ikke-samvirkende med de andres spesielle kommandoer og særegenheter), videre til Facebook (hvis suksess delvis ble bygget ved å hjelpe sine nye brukere å holde kontakten med venner de hadde forlatt på Myspace; Facebook forsynte dem med et verktøy som skrapet ventende meldinger fra Myspace og tok dem inn i Facebook, og slik laget Facebook i praksis en integrert Myspace-leser).

I dag blir det å være markedsleder sett på som en uangripelig fordel. Facebook er der alle vennene dine er, så ingen kan starte en Facebook-konkurrent. Men rivaliserende samvirke reverserer konkurransefortrinnet: Hvis du fikk lov til å konkurrere med Facebook ved å levere et verktøy som importerte alle brukernes ventende Facebook-meldinger til en omgivelse som konkurrerte på vilkår som Facebook ikke kunne møte, som fjerning av overvåking og annonser, da ville Facebook kjempe i motbakke. Det ville ha samlet alle mulige forhenværende Facebook-brukere i en enkel tjeneste som var lett å finne, og det ville lært dem opp i hvordan en Facebook-lignende tjeneste virker og hva de potensielle fordelene er. Det ville gitt misfornøyde Facebook-brukere en enkel måte å fortelle sine venner hvor de kunne forvente bedre behandling.

Rivaliserende samvirke var en gang normen og en viktig bidragsyter til den dynamiske og levende teknologiscenen, men nå er det gjemt bak et kratt av lover og forskrifter som tilfører juridisk risiko til den velprøvde taktikken med rivaliserende samvirke. Nye regler og nye tolkninger av eksisterende regler betyr at en som ønsker å konkurre basert på rivaliserende samvirke, må styre unna påstander om opphavsrett, bruksvilkår, forretningshemmeligheter, skadelig innblanding, og patenter.

I fravær av et konkurranseutsatt marked har lovgivere tydd til å tildele dyre, statslignende plikter til storteknologiselskaper, slik som automatisk å filtrere brukerbidrag for å oppdage og blokkere brudd på opphavsretten, eller terrorist- og ekstremistisk innhold, eller å spore opp og forhindre trakassering i sanntid, eller å kontrollere tilgangen til seksuelt materiale.

Disse tiltakene hever terskelen for hvor små storteknologien kan gjøres, da bare de aller største selskapene har råd til folkene og de automatiserte filtrene som trengs for å utføre slike oppgaver.

Men det er ikke den eneste måten konkurransen undermineres på når plattformer får ansvar for å holde kontroll på sine brukere. En plattform som forventes å kontrollere brukernes oppførsel, må forhindre mange vitale rivaliserende samvirketeknikker for at disse ikke skal undergrave kontrolltiltakene. Hvis noen for eksempel bruker en Twitter-erstatning som Mastodon til å sende meldinger til og lese meldinger fra Twitter, så kan de unngå å bli fanget av automatiserte systemer som skal oppdage og forhindre trakassering (for eksempel systemer som bruker meldingstidspunkt eller IP-baserte regler til å gjette om noen er en som trakasserer).

I hvor stor grad er vi er villige til å la storteknologien kontrollere seg selv, i stedet for å gjøre storteknologien liten nok til at brukerne kan forlate dårlige plattformer for bedre, og liten nok til at en regelendring som kun stopper virksomheten til en plattform ikke ødelegger for milliarder av brukere sin tilgang til sine lokalsamfunn og data? Hvis den skal kontrollere seg selv, så gir en også storteknologien mulighet til å blokkere konkurrenter og gjør det enklere for storteknologien å kreve juridiske maktmidler som forbyr og straffer forsøk på rivaliserende samvirke.

Til syvende og sist kan vi prøve å fikse storteknologien ved å gjøre dem ansvarlig for brukernes dårlige opptreden, eller vi kan prøve å fikse Internett ved å redusere storteknologiens størrelse. Men vi kan ikke gjøre begge deler. For å erstatte dagens gigantiske produkter med pluralistiske protokoller må vi fjerne det juridiske buskaset som forhindrer rivaliserende samvirke, slik at morgendagens smidige, personlige og små produkter kan koble seg til giganter som Facebook. Brukere som forlater Facebook, må kunne fortsette å kommunisere med brukere som ikke har gjort det ennå, og det kan skje ved å gro slyngplanter opp Facebook-siloens vegger slik at de innelåste brukerne kan klatre ned og unnslippe til det globale, åpne nettet.

Falske nyheter er en erkjennelseskrise

Teknologibransjen er ikke den eneste industrien som har gjennomgått massiv konsentrasjon etter Reagan-tiden. Nesten alle store bransjer — fra olje til aviser, kjøttpakking, sjøfrakt, briller og nettpornografi — har blitt et lubbent oligarki der bare noen få aktører dominerer.

Samtidig har hver bransje blitt del av teknologibransjen etter hvert som datamaskiner, datanettverk samt lovnaden om effektivitet gjennom datadrevet analyse, gjennomsyrer hver dings, hver prosess og hvert firma med teknologi.

Fenomenet industriell konsentrasjon er en del av en bredere fortelling om rikdomskonsentrasjon generelt, der et mindre og mindre antall mennesker eier mer og mer av vår verden. Denne konsentrasjonen, både for rikdom og bransjer, betyr at våre politiske avgjørelser i økende grad blir bundet til de smale interessene til folkene og selskapene med alle pengene.

Det betyr at når et tilsynsorgan stiller et spørsmål med et åpenbart, empirisk svar («Forårsaker mennesker klimaendringer? » eller «Skal vi la selskaper gjennomføre kommersiell masseovervåking?» eller «Har samfunnet nytte av å tillate brudd på nettverksnøytralitet?») er svaret som kommer kun korrekt hvis denne korrektheten møter aksept hos rike mennesker og bransjene som gjorde dem så velstående.

Rike mennesker har alltid spilt en stor rolle i politikken, og i enda større grad etter at Høyesteretts *Citizens United*-avgjørelse eliminerte viktig kontroll over pengebruk i politikken. Økende ulikhet og rikdomskonsentrasjon betyr at de aller rikeste menneskene nå er mye rikere, og har råd til å bruke mye mer penger på politiske prosjekter enn noen gang før. Tenk på Koch-brødrene, George Soros eller Bill Gates.

Men den politiske påvirkningen fra rike enkeltindivider, blekner i forhold til den politiske påvirkningen som konsentrerte bransjer er i stand til. Selskapene i svært konsentrerte bransjer er mye mer lønnsomme enn selskaper i bransjer med konkurranse. Manglende konkurranse betyr å slippe å redusere prisene eller forbedre kvaliteten for å vinne kunder. Manglende konkurranse gir også større overskudd av kapital til bruk på lobbyvirksomhet.

Konsentrerte bransjer synes også det er lettere å samarbeide om politiske mål enn bransjer med mye konkurranse. Når alle de øverste direktørene fra en bransje kan plasseres rundt et enkelt bord i et møterom, så samles de ofte slik. Og *når* de møtes slik, kan de smi et felles standpunkt når det gjelder regulering.

Å rykke opp i gradene i en konsentrert bransje betyr generelt å jobbe i to eller tre av de store selskapene. Når det kun er relativt få selskaper i en gitt bransje, så betyr det at hvert selskap vil ha en mer fastlåst lederrangering. Det fører igjen til at ambisiøse direktører får færre veier til høyere stillinger, med mindre de rekrutteres av en rival. Dette betyr at de beste direktørene i konsentrerte bransjer sannsynligvis har vært kolleger på et tidspunkt og omgås i de samme kretsene — knyttet sammen gjennom sosiale bånd eller ved for eksempel å være styremedlem i hverandres trust (noe ala norske stiftelser). Disse nære sosiale båndene fremmer en kollegial holdning snarere enn en konkurranseholdning.

Svært konsentrerte næringer gir også tilsynsutfordringer. Når en bransje domineres av bare fire eller fem selskaper, er de eneste som sannsynligvis virkelig forstår bransjens praksis, ledere som har vært med lenge. Dette betyr at toppledere i tilsynene ofte er tidligere direktører i selskapene de skal føre tilsyn med. Disse vervene hos myndighetene er ofte stilltiende forstått å være permisjon fra industrien, og tidligere arbeidsgivere ønsker sine tidligere vaktbikkjer velkommen tilbake som direktører når deres tjenestetid er utløpt.

Alt dette, de tette sosiale båndene, et lite antall bedrifter, og ufarliggjøring av tilsynsmyndighetene for konsentrerte bransjer, gir disse selskapene makt til å diktere mange, om ikke alle, reguleringene som begrenser dem.

Dette blir stadig tydeligere. Enten det er de som gir forbrukslån som sikrer seg rettet til å praktisere ågerlån[33] eller Apple som sikrer seg retten til å bestemme hvem som kan fikse mobilen din[34], eller Google og Facebook som sikrer retten til å ha innbrudd i dine private data uten å møte virkningsfulle konsekvenser, eller seire for rørledningsselskaper, eller straffefrihet for opioidprodusenter, eller massive skattesubsidier for utrolig lønnsomme markedsdominerende bedrifter, er det stadig

---

[33]https://www.washingtonpost.com/business/2019/02/25/how-payday-lending-industry-insider-tilted-academic-research-its-favor/

[34]https://www.vice.com/en_us/article/mgxayp/source-apple-will-fight-right-to-repair-legislation

tydeligere at mange av våre offisielle, kunnskapsbaserte og sannhetssøkende prosesser, i virkeligheten er auksjoner som selger til den høyeste budgiveren.

Det er umulig å overdrive hvor skremmende dette ser ut. Vi lever i et utrolig høyteknologisk samfunn, og ingen av oss kunne tilegne oss ekspertisen til å vurdere alle teknologiske forslag som står mellom oss og vår altfor tidlige, forferdelige død. Du kan vie livet ditt til å skaffe nok mediekompetanse til å skille gode vitenskapelige tidsskrifter fra råtne betal-for-å-publisere-etterlikninger, nok statistikkompetanse til å evaluere kvaliteten på analysen i tidsskriftene, samt nok mikrobiologisk og epidemiologisk kompetanse til avgjøre om du kan stole på påstander om vaksinenes sikkerhet. Men det vil fortsatt ikke gjøre deg kvalifisert til å vurdere om ledningene i hjemmet ditt vil gi deg et dødelig sjokk, *eller* om programvaren får bilens bremser til å feile uforutsigbart *eller* om hygienestandardene hos slakteren er tilstrekkelig til å unngå at du stryker med etter at du har spist middagen.

I en verden så kompleks som denne, må vi overlate mye til autoriteter, og vi sikrer at de er ærlige ved å gjøre disse autoritetene ansvarlige overfor oss og begrense dem med regler for å forhindre interessekonflikter. Vi kan umulig tilegne oss ekspertisen til å bedømme motstridende påstander om den beste måten å gjøre verden trygg og velstående på, men vi *kan* avgjøre om selve bedømmelsesprosessen er troverdig.

Akkurat nå er det åpenbart ikke tilfelle.

De siste 40 årene har økende ulikhet og bransjekonsentrasjon, sammen med stadig svakere ansvarliggjøring og åpenhet for ekspertorganer skapt en stadig mer presserende følelse av forestående undergang, følelsen av at det er store konspirasjoner på gang som opererer med stilltiende offisiell godkjenning til tross for at det er sannsynlig at de jobber for å gjøre det bedre for seg selv ved å ødelegge for resten av oss.

For eksempel er det flere tiår siden Essos egne forskere konkluderte med at produktene deres ville gjøre jorden ubeboelig for mennesker. Og likevel gikk disse tiårene tapt for oss, i stor grad fordi Esso lobbyerte myndighetene og sådde tvil om farene ved produktene sine og gjorde det i samarbeid med mange offentlige tjenestemenn. Når din egen overlevelse og overlevelsen til alle du elsker er truet av konspirasjoner, er det ikke urimelig å begynne å stille spørsmål ved de tingene du tror du vet, for å forsøke å avgjøre om de også er resultatet av en annen konspirasjon.

Sammenbruddet av tiltroen til at våre systemer holder sannheten høyt og hellig, har etterlatt oss i en tilstand av erkjennelsesmessig kaos. En gang kunne de fleste av oss regne med at systemet fungerte, og at våre reguleringer reflekterte vår beste forståelse av verdens empiriske sannheter slik de ble best forstått — nå må vi skaffe oss våre egne eksperter for å hjelpe oss med å sortere det sanne fra det falske.

Hvis du er som meg, tror du sannsynligvis at vaksiner er trygge, men du (som meg) kan sannsynligvis heller ikke forklare mikrobiologien eller statistikken bak. Få av oss har matematikkompetansen som trengs for å gjennomgå litteraturen om vaksinesikkerhet og beskrive hvorfor deres statistiske resonnement er riktige. På samme måte kan få av oss gjennomgå statistikken i den nå diskrediterte litteraturen om opioidsikkerhet og forklare hvordan disse statistikkene ble manipulert. Både vaksiner og opioider ble omfavnet av medisinske myndigheter, og likevel er den ene trygg mens den andre kan ødelegge livet ditt. Du sitter igjen med en slags uorganisert samling av tommelfingerregler om hvilke eksperter du tror kan faktasjekke kontroversielle påstander og deretter forklare hvordan alle de respektable legene med sin fagfellevurderte forskning om opioidsikkerhet *var* et avvik, og deretter hvordan legene som skriver om vaksinesikkerhet, *ikke* er et avvik.

Jeg er 100% sikker på at vaksinering er trygt og effektivt, men jeg er også litt fortapt når jeg skal forklare *akkurat* hvorfor jeg tror dette, gitt all korrupsjon jeg kjenner til, og de mange ganger trygghetens stempel har vist seg å være en parodisk løgn, fortalt for å gjøre de superrike enda rikere.

Falske nyheter — konspirasjonsteorier, rasistiske ideologier, vitenskapelig fornektelse — har alltid vært med oss. Det som har endret seg i dag, er ikke blandingen av idéer i den offentlige diskursen, men populariteten til de verste idéene i denne blandingen. Konspirasjon og fornektelse har gått til himmels, låst til veksten i stor ulikhet, som også har ansporet fremveksten av storteknologi, stormedisin, stor bryting, store biler og store kinoer og alt annet som er stort.

Ingen kan si sikkert hvorfor dette har skjedd, men de to dominerende forklaringene er idealisme (troen på at folk som argumenterer for disse konspirasjonene har blitt bedre til å forklare dem, kanskje ved hjelp av maskinlæringsverktøy) eller materialisme (idéene har blitt mer attraktive på grunn av materielle forhold i verden).

Jeg er materialist. Jeg har blitt utsatt for konspirasjonsteoretikeres argumenter hele livet, og jeg har ikke opplevd noe kvalitativt hopp i kvaliteten på disse argumentene.

Den store forskjellen er i verden, ikke i argumentene. I en tid hvor ekte konspirasjoner er vanlig, får konspirasjonsteorier et skinn av troverdighet.

Vi har alltid hatt uenigheter om hva som er sant, men i dag har vi en uenighet om hvordan vi vet om noe er sant. Dette er en erkjennelsekrise, ikke en troskrise. Det er en krise for tiltroen til hvordan vi søker sannhet, fra vitenskapelige tidsskrifter (i en tid hvor de største tidsskriftsforlagene har blitt tatt i å produsere betal-for-å-publisere-tidsskrifter med søppelforskning) til tilsyn (i en tid hvor de som utøver tilsyn, rutinemessig roterer inn og ut av næringslivet), og videre til utdanning (i en tid hvor universiteter er avhengige av bedriftsdonasjoner for å holde hjulene i gang).

Målretting — overvåkingskapitalisme — gjør det lettere å finne folk som gjennomgår denne erkjennelsesmessige krisen, men det skaper ikke krisen. For å finne opphavet, må du se i retning korrupsjon.

Og det er, beleilig nok, korrupsjon som tillater overvåkingskapitalismen å vokse ved å demontere monopolbeskyttelse, ved å tillate hensynsløs innsamling og oppbevaring av personopplysninger, ved å tillate annonser å bli målrettet i skjul, og ved å forhindre muligheten til å gå et annen sted, der du fortsatt kan glede deg med vennene dine uten å utsette deg for kommersiell overvåking.

Teknologi er annerledes

Jeg avviser begge fortellingene om teknologieksepsjonalisme. Jeg avviser idéen om at teknologi er spesielt forferdelig og ledet av folk som er grådige eller verre enn lederne i andre bransjer, og jeg avviser idéen om at teknologien er så god — eller så iboende utsatt for konsentrasjon — at den ikke kan klandres for sin nåværende monopolistiske status.

Jeg tror teknologi er som de andre bransjene, riktignok en som vokste opp i fravær av reelle monopolbegrensninger. Den kan ha vært den første, men den er ikke den verste og kommer heller ikke til å bli den siste.

Jeg *er* derimot teknologieksepsjonalist på et område. Jeg tror at nettbaserte verktøy er nøkkelen til å overvinne problemer som er mye mer presserende enn teknologimonopolisering, nemlig klimaendringer, ulikhet, kvinnehat og diskriminering på grunn av rase, kjønnsidentitet og andre faktorer. Internett vil bli brukt til å rekruttere folk for å kjempe disse kampene, og vil bli brukt til å koordinere arbeidet deres. Teknologi er ikke en erstatning for demokratisk ansvarlighet, rettssikkerhet, rettferdighet eller stabilitet, men det er et middel for å oppnå disse tingene.

Det vanskelige problemet for vår art er koordinering. Alt fra klimaendringer til sosial endring, til å drive en bedrift, til å holde en familie i gang, kan sees på som en felles utfordring.

Internett gjør det enklere enn noen gang å finne folk som ønsker å jobbe sammen med deg på et prosjekt. Se bare på suksessen til fri programvare, folkefinansiering og rasistiske terrorgrupper. Det er enklere enn noensinne å koordinere det du driver med.

Internettet og datamaskinene vi kobler til det, har også en eksepsjonell egenskap, et generelt formål. Utformingen av Internett tillater to parter å utveksle hvilke som helst data ved hjelp av en hvilken som helst protokoll, uten tillatelse fra noen andre. Den eneste utformingen vi har på de datamaskinene vi produserer, er de med generelt formål, såkalt «turingkomplett». Det vil si en datamaskin som kan kjøre ethvert program vi kan uttrykke med symbolsk logikk.

Dette betyr at hver gang noen med et spesielt kommunikasjonsbehov investerer i infrastruktur og teknikker for å gjøre Internettet raskere, billigere og mer robust, bidrar forbedringen til at det blir bedre for alle andre som bruker Internett å kommunisere. Dette betyr også at hver gang noen med et spesielt databeregningsbehov investerer i å gjøre datamaskiner raskere, billigere og mer robuste, bidrar det til at alle andre dataprogrammer har potensielt glede av denne innsatsen.

På grunn av dette, vil enhver form for kommunikasjon gradvis flyttes over på Internett, og enhver type dings — fra fly til pacemakere — på sikt bli en datamaskin i en stilig boks.

Selv om disse vurderingene ikke utelukker regulering av nettverk og datamaskiner, krever de grundighet og forsiktighet når slike reguleringer introduseres, for endringer i regelverket kan gi utilsiktede konsekvenser på svært mange andre områder.

Plussiden er at vårt beste håp om å løse de store koordineringsproblemene — klima-endringer, ulikhet osv. — er med fri, rettferdig og åpen teknologi. Vårt beste håp om å holde teknologien fri, rettferdig og åpen er å vise forsiktighet i hvordan vi regulerer teknologien og å følge nøye med på hvordan inngrep for å løse ett problem, kan skape problemer på andre områder.

Eierskap til fakta

Storteknologien har et festlig forhold til informasjon. Når du genererer informasjon — alt fra posisjonsdataene som strømmer ut av mobilen, til de private meldingene du sender til venner på et sosialt nettverk — hevder de å ha rett til å gjøre hva de vil med disse dataene.

Men når du har frekkhet til å bytte om på rollene — ved å bruke et verktøy som blokkerer annonser eller slurper oppdateringer som venter på deg, ut fra et sosialt nettverk og plasserer dem i en annen app som gir deg mulighet til å styre prioriterin-gene og forslagene dine selv, eller tråler gjennom systemet slik at du kan starte en rivaliserende virksomhet — påstår de at du stjeler fra dem.

Saken er at informasjon er veldig dårlig tilpasset enhver variant av privat eierskapsre-gime. Eierrettigheter er nyttige for å etablere markeder som kan gi effektiv utvikling av ubrukte eiendeler. Disse markedene er avhengige av klar eiendomsrett for å sikre at de tingene som kjøpes og selges der, faktisk kan kjøpes og selges.

Informasjon har sjelden et så klart eierskap. Ta telefonnumre: Det er helt klart noe galt når Facebook slurper til seg adressebøkene til millioner av brukere og bruker telefonnumrene de finner der til å tegne opp sosiale grafer og fylle ut manglende informasjon om andre brukere.

Men telefonnumrene Facebook skaffer seg uten samtykke i denne transaksjonen «eies» ikke av brukerne de er tatt fra, og de tilhører heller ikke de personene hvis telefon ringer når du slår disse nummerene. Tallene er bare heltall, 10 sifre i USA og Canada,

54

og de vises på millioner av steder, inkludert et sted dypt nede i tallet pi samt i mange andre sammenhenger. Å gi folk eierskap til heltall er en åpenbart horribel idé.

Det samme gjelder for fakta som Facebook og andre kommersielle overvåkingsoperatører erverver om oss, som at vi er barn av våre foreldre eller foreldrene til våre barn, eller at vi hadde en samtale med noen andre eller gikk til et offentlig sted. Disse datapunktene kan ikke være eiendom på samme måte som huset ditt eller skjorten din er din eiendom, for eierskapet til dem er iboende uklart. Eier moren din det faktum at hun er moren din? Gjør du det? Gjør dere begge det? Hva med faren din — eier han også dette faktum, eller må han lisensiere det faktum fra deg (eller din mor eller begge to) for å bruke dette faktum? Hva med de hundrevis eller tusenvis av andre mennesker som kjenner disse fakta?

Hvis du går til en Black Lives Matter-demonstrasjon, trenger de andre demonstrantene din tillatelse til å legge ut bildene sine fra arrangementet? Kampene på nettet om når og hvordan man legger ut bilder fra demonstrasjoner[35] avslører et nyansert, komplekst problem som ikke lett kan blåses bort ved å gi en part en eiendomsrett som alle andre i blandingen må respektere.

Det faktum at informasjon ikke passer godt til eiendom og markeder betyr ikke at den ikke er verdifullt. Babyer er ikke eiendom, men de er uten tvil verdifulle. Faktisk har vi et helt sett med regler bare for babyer, samt en undergruppe av de reglene som gjelder for mennesker mer generelt. Enhver som hevder at babyer ikke kan være virkelig verdifulle før de kan kjøpes og selges som brød, ville bli umiddelbart og rettmessig ansett som et monster.

Det er fristende å hente frem eierskapshammeren når storteknologien behandler informasjonen din som en spiker — ikke minst siden storteknologien er så gode til å misbruke eierskapshammeren når det gjelder *deres* informasjon. Men det er et feilgrep. Hvis vi lar markedet diktere bruken av informasjonen vår, vil vi oppdage at vi er selgere i kjøpers marked, der storteknologien fastsetter prisen på våre data så lavt at den blir ubetydelig eller, mer sannsynlig, satt til null uten forhandlinger med en «klikk-for-å-komme-videre»-avtale du ikke har mulighet til å endre.

I mellomtiden vil etablering av eiendomsrettigheter til informasjon, skape uoverstigelige barrierer for uavhengig databehandling. Tenk deg at vi krever en lisens som skal forhandles frem når et oversatt dokument sammenlignes med originalen, noe Google har gjort og fortsetter å gjøre milliarder av ganger for å trene sine automatiserte språkoversettelsesverktøy. Google har råd til dette, mens uavhengige tredjeparter ikke har det. Google kan bemanne en egen rettighetsklareringsavdeling for å forhandle engangsutbetalinger til aktører som EU (et av de store datalagrene for oversatte dokumenter), mens uavhengige vakthunder som ønsker å verifisere at oversettelsene er godt gjennomført, eller for å oppdage forutinntatte holdninger i oversettelsene,

---

[35]`https://www.wired.com/story/how-to-take-photos-at-protests/`

oppdager at de trenger å bemanne en juridisk avdeling og bruke millioner til lisenser før de kan komme i gang.

Det samme gjelder for ting som søkeindekser på nettet eller bilder av folks hus, som har blitt omstridt takket være Googles Street View-prosjekt. Uansett hvilke problemer som kan oppstå med Googles fotografering av gatescener, vil det sikkert bli enda verre hvis en løser dem ved å la folk bestemme hvem som kan ta bilder av fasadene til hjemmene sine fra offentlig sted. Tenk på hvordan gatefotografering er viktig for nyhetsdekning — inkludert uformell nyhetsdekning, som fotografering av maktmisbruk — og hvordan det å kunne dokumentere bolig- og gateliv er viktig for å bestride offentlige inngrep, argumentere for sosialhjelp, rapportere brudd på planer og arealplaner, dokumentere diskriminering og ulikheter i levekår med mer.

Eierskap til fakta er uforenlig med mange ulike menneskelige fremskritt. Det er vanskelig å forestille seg en regel som begrenser hvordan storteknologien utnytter vår kollektive innsats uten samtidig og utilsiktet å forby folk fra å samle inn data om trakassering på nettet, samle register over endringer i språket, eller bare undersøke hvordan plattformene former vår offentlige samtale. Alt dette krever bruk av data som andre har laget, gransket og analysert.

Overtalelse virker... sakte

Plattformene kan overselge sin evne til å overtale folk, men det er ingen tvil om at overtalelse noen ganger virker. Enten det er på det private området der LHBTQ-folk rekrutterte allierte og normalisere seksuelt mangfold, eller prosjektet som gikk over flere tiår for å overbevise folk om at markeder er den eneste effektive måten å løse kompliserte ressursallokeringsproblemer på, så er det klart at våre samfunnsholdninger *kan* endre seg.

Prosjektet med å endre samfunnsmessige holdninger krever lirking og års innsats. I århundrer har ondsinnede manipulatorer som du Mauriers Svengalis påstått å kunne akselerere denne prosessen, men selv den mest brutale propagandaen har slitt med å sikre permanente endringer. Joseph Goebbels var i stand til å utsette tyskerne for timelange og obligatoriske daglige radiosendinger, samle, torturere og drepe dissidenter, ta full kontroll over barnas utdanning samt forby litteratur, kringkastinger og filmer som ikke var i tråd med hans verdensbilde.

På tross av dette, etter 12 år med terror, når krigen var over, ble naziideologi i stor grad diskreditert i både Øst- og Vest-Tyskland, og ble erstattet av et program for nasjonal sannhetsøking og forsoning. Rasisme og autoritære holdninger ble aldri fullstendig avskaffet i Tyskland, men flertallet av tyskerne var heller ikke ugjenkallelig overbevist om nazismen. Fremveksten av autoritær rasisme i Tyskland i dag, forteller oss at de liberale holdningene som erstattet nazismen, ikke var mer permanente enn nazismen selv.

Rasisme og autoritære holdninger har også alltid vært med oss. Alle som har sett igjennom den typen meldinger og argumenter vil i dag være hardt presset for å si at disse idéene blir bedre presentert i dag. Den samme pseudovitenskapen, appellering til frykt og sirkulær logikk som rasister presenterte på 1980-tallet da støtten til hvit overlegenhet minsket, brukes i kommunikasjonen fra ledende hvite nasjonalister i dag.

Hvis rasister ikke har blitt mer overbevisende det siste tiåret, hvordan kan det da ha seg at flere mennesker ble overbevist om å være åpent rasistiske i den samme perioden? Jeg tror at svaret ligger i den materielle verden, ikke idéverden. Idéene har ikke blitt mer overbevisende, men folk har blitt mer redde. Redde for at en ikke kan stole på at staten fungerer som en rettferdig megler i beslutninger om liv eller død, på områder som forvaltning av økonomien, tilsyn med smertestillende medisiner og fastsetting av regler for håndtering av privat informasjon. Redde for at verden har blitt stollek der stolene fjernes i et tempo vi aldri før har sett maken til. Redde for at rettferdighet for andre vil komme på ens egen bekostning. Det er ikke monopolpraksisen som forårsaker denne frykten, men derimot ulikheten, den materielle desperasjon og den dårlige politiske praksisen som monopolpraksisen bidrar til, som bidrar betydelig til disse forholdene. Store ulikheter gir gode betingelser for både konspirasjoner og voldelige, rasistiske ideologier, og lar deretter overvåkingskapitalismen opportunister rette seg inn mot de redde og de konspirasjonsorienterte.

Det hjelper ikke å betale

Vi hører ofte «hvis du ikke betaler for produktet, så er det du som er produktet».

I dag er det vanlig å tro at fremveksten av gratis, annonsestøttede medier var den opprinnelige synden til overvåkingskapitalismen. Begrunnelsen er at selskapene som tok betalt for tilgang ikke kunne «konkurrere med gratis», og dermed bukket under. Deres reklamefinansierte konkurrenter erklærte derimot at brukeres data var fritt vilt i et forsøk på å bedre målrette annonsene og slik tjene mere penger, og tok deretter i bruk de mest sensasjonelle taktikker for å få brukere til å klikke på reklamene. Påstanden er at hvis vi bare gikk tilbake til å betale for tilgang til mediene, så ville vi få en bedre, mer ansvarlig og edruelig offentlig debatt som ville være bedre for demokratiet.

Men forfallet til nyhetsprodukter kom lenge før ankomsten av reklamebaserte nettny-heter. Lenge før avisene dukket opp på Internett, hadde slapp antitrusthåndhevelse åpnet døren for bølger av konsolidering og sammenslåelser av redaksjoner uten like.

Konkurrerende aviser ble slått sammen, journalister og annonseselgere ble permittert og fysiske anlegg ble solgt og leid tilbake, hvilket økte selskapenes gjeldsbelastning med girede oppkjøp og påfølgende profittuttak til de nye eierne. Med andre ord, det var ikke bare endringer i rubrikkmarkedet, som lenge ble hevdet å være hovedgrunnen for motgangen for den tradisjonelle redaksjonen, som gjorde medieselskaper ute av stand til å tilpasse seg Internettet. Det var monopolpraksisen.

Dermed, når nyhetsredaksjonene *kom seg* på nettet, falt annonseinntektene de disponerte på tross av at antall Internettbrukere (og dermed potensielle lesere på nettet) økte. Denne endringen var et resultat av konsolidering i markedet for reklamesalg, der Google og Facebook steg opp som duopolister, som til sammen tjente mer penger hvert år fra reklame på samme tid som du betaler mindre og mindre av det til utgiverne, hvis verk er omkranset av denne reklamen. Monopolpraksisen ga et kjøpers marked for reklame med Facebook og Google som portvoktere.

Betalte tjenester eksisterer side om side gratistjenester. Ofte er det disse betalte tjenestene som, ivrige etter å hindre folk å omgå sine betalingsmurer eller å dele betalt innhold med snyltere, utøver mest kontroll over sine kunder. Apples iTunes og App Stores er betalte tjenester, men for å maksimere lønnsomheten låser Apple plattformene sine ned slik at tredjeparter ikke kan lage programvare til platformene uten godkjenning. Disse låsene gjør det mulig for selskapet å utøve både redaksjonell kontroll (slik at det kan ekskludere kontroversielt politisk materiale[36]) og teknologisk kontroll, inkludert kontroll over hvem som kan reparere enhetene det lager. Hvis vi er bekymret for at reklamefinansierte produkter fratar folk retten til selvbestemmelse ved å bruke overtalelsesteknikker for å dytte kjøpsbeslutningene noen få grader til siden i den ene eller den andre retningen, bør den nesten totale kontrollen et enkelt selskap har over beslutningen om hvem som får selge deg programvare, deler og service for iPhone, faktisk gjøre oss veldig bekymret.

Vi bør ikke bare bekymre oss for betaling og kontroll: Idéen om at betaling vil forbedre den offentlige samtalen er også farlig feil. Den magre suksessen til målrettet reklame betyr at plattformene må forsøke å få deg til å ekstremt «engasjert» av innleggene for å generere nok sidevisninger til å sikre fortjeneste. Som diskutert tidligere, for å øke engasjementet, bruker plattformer som Facebook maskinlæring til å gjette hvilke meldinger som vil være mest opphissende, og gjør sitt beste for å skyve dem foran øynene dine når de har muligheten, slik at du vil hate-klikke og krangle med folk.

Det er mulig at betaling fikser dette. Hvis plattformer hadde vært økonomisk levedyktige selv om du sluttet klikkingen på dem når din intellektuelle og sosiale nysgjerrighet var mettet, så ville de ikke ha noen grunn til å algoritmisk oppilde deg for å melke flere klikk ut av deg, ikke sant?

---

[36]https://ncac.org/news/blog/does-apples-strict-app-store-content-policy-limit-freedom-of-expression

Det kan være noe i det argumentet, men det ignorerer fortsatt den bredere økonomiske og politiske sammenhengen som plattformene, og verden som tillot dem å vokse seg så dominerende, befinner seg i.

Plattformer er verdensomspennende og altomfattende fordi de er monopoler, og de er monopoler fordi vi har kuttet ned på våre viktigste og mest pålitelige antimonopolregler. Konkurranselovgivingen ble kastrert som en viktig del av prosjektet for å gjøre de rike rikere, og det prosjektet har virket. De aller fleste mennesker på jorden har en negativ nettoverdi, og selv den minkende middelklassen er i en prekær tilstand, med underfinansiert pensjon, underforsikring når det gjelder medisinske katastrofer, og mangelfull sikring mot klima- og teknologisjokk.

I denne verden med stor skjevfordeling forbedrer ikke betaling den offentlige samtalen, det bare priser den utenfor rekkevidde for de fleste mennesker. Å betale for produktet er flott, hvis du har råd til det.

Hvis du tror dagens filterbobler er et problem for vår offentlige samtale, tenk hvordan de ville være hvis rike mennesker holdt til i athenske markedsplasser der idéene fløt fritt men hvor du må betale for å komme inn, mens alle andre befinner seg i deler av nettet subsidiert av velstående velgjørere som nyter sjansen til å etablere samtalerom hvor «husreglene» forbyr å stille spørsmål ved tingenes tilstand. Det vil si, tenk om de rike forlot Facebook, og deretter, i stedet for å reklamere for å tjene penger til aksjonærene, ble Facebook en milliardærs forfengelighetsprosjekt, som tilfeldigvis også sikret at ingen snakket om hvorvidt det var rettferdig at bare milliardærer hadde råd til å besøke de eksklusive hjørnene av Internett.

Bak idéen om å betale for tilgang er troen på at frie markeder vil korrigere storteknologiens feilfunksjoner. Tross alt, i den grad at folk har et syn på overvåking i det hele tatt, er det et generelt et ufordelaktig et, og jo lengre og mer grundig man er overvåket, jo mindre har vi en tendens til å like det. Det samme gjelder for innelåsing: Hvis HPs blekk eller Apple sin programbutikk virkelig var fantastisk, hadde de ikke behov for tekniske tiltak for å hindre brukere i å velge et konkurrerende produkt. Den eneste grunnen til at disse tekniske mottiltakene eksisterer, er at selskapene ikke tror at deres kunder *frivillig* ville underkaste seg selskapenes vilkår, og de ønsker å frata dem muligheten til å gå til andre.

Forkjemperne for markedet hyller dets evne til å samle sammen den spredte kunnskapen fra kjøpere og selgere på tvers av hele samfunnet ved hjelp av signaler om etterspørsel, pris og så videre. Argumentet for at overvåkingskapitalismen er en «løpsk kapitalisme» er at maskinlæringsdrevne overtalelsesteknikker forvrenger forbrukernes beslutningsprosesser, noe som fører til uriktige signaler — forbrukerne kjøper ikke det de foretrekker, de kjøper det de blir lurt til å foretrekke. Fra dette blir det klart at den monopolistiske praksisen med innelåsing, gjør langt mer for å begrense forbrukernes frie valg, og er en enda mer «løpsk kapitalisme».

Lønnsomheten til enhver bedrift er begrenset av kundenes muligheten til å handle hos andre. Både overvåking og innelåsing er anti-egenskaper som ingen kunde ønsker. Men monopoler kan gjøre sine tilsynsmyndigheter tannløse, knuse sine konkurrenter, tvinge seg inn i kundenes liv, og tvinge folk til å «velge» deres tjenester uavhengig av om folk vil ha dem — det går fint å være fæl når det ikke finnes noe alternativ.

Men i bunn og grunn er både overvåkning og innlåsing ganske enkelt forretningsstrategier som monopolister kan velge. Overvåkningsselskaper som Google er fullt ut i stand til å rulle ut innlåsingsteknologier — bare se på Androids tyngende lisensvilkår som krever at dingsemakere legger ved Googles programvarepakke. Og innlåsingsselskaper som Apple er fullt ut i stand til å underlegge sine brukere overvåkning hvis det betyr å gjøre kinesiske myndigheter fornøyde og sikrer fortsatt tilgang til kinesiske markeder. Monopoler kan bestå av gode og etiske mennesker, men som institusjoner er de ikke din venn — de vil gjøre hva enn de kan slippe unna med for å maksimere sin profitt. Og jo mer monopolistiske de er, jo mer *kan* de komme unna med.

Et «økologi»-tidspunkt for monopolknusing

Hvis vi skal bryte storteknologiens dødsgrep på våre digitale liv, så må vi bekjempe monopoler. Det høres kanskje rimelig dagligdags og gammelmodig ut, som noe fra New Deal-æraen, i motsetning til det å få stoppet bruken av automatisert atferdsendring, som høres mer ut som plottet til en veldig stilig kyberpunk-roman.

I mellomtiden ser det ut til at vi har glemt hvordan vi bryter opp monopoler. Det er en tverrpolitisk, transatlantisk enighet om at oppdeling av selskaper i beste fall er bortkastet innsats — med potensiale for å låse opp statsadvokatene dine i tiår med rettsaker — og i verste fall produktivitetshemmende, ved å redusere «forbrukerfordelene» som de massive stordriftsfordelene til store selskaper gir.

Men monopolknuserne stred en gang frem med svingende loverbøker, terroriserte røverbaroner og knuste illusjonen om monopolenes allmektige grep på samfunnet vårt. Monopolknuseræraen kunne ikke begynne før vi fant politisk vilje — før folkene overbeviste politikerne om at de hadde ryggdekning til å stå opp mot de rikeste og mektigste menneskene i verden.

Klarer vi finne tilbake den politiske viljen?

Opphavsrettsforskeren James Boyle har beskrevet hvordan begrepet «økologi» ga et vendepunkt i miljøaktivismen. Før dette begrepet ble tatt i bruk, så ikke folk som ønsket å ta vare på hvalbestanden nødvendigvis at de kjempet samme kamp som folk som ønsket å beskytte ozonlaget, få slutt på ferskvannforurensning, få vekk smog eller sur nedbør.

Men begrepet «økologi» sveiset disse ulike kampsakene sammen til en enkelt bevegelse, og medlemmene av denne bevegelsen ble solidariske med hverandre. De som brydde seg om smog, signerte underskriftskampanjer sirkulert av folk som ønsket å avslutte hvalfangsten, og hvalfangstmotstanderne marsjerte sammen med folket som krevde handling mot sur nedbør. Det å gjøre felles front forandret fullstendig dynamikken i miljøvern og satte scenen for dagens klimaaktivisme og forståelsen av at det er en felles plikt for alle mennesker å ta vare på planeten og sikre at planeten Jorden er beboelig.

Jeg tror vi er på randen av et nytt «økologi»-tidspunkt for bekjemping av monopoler. Tross alt er ikke teknologi den eneste sentralstyrte bransjen, og den er ikke engang den *mest* sentralstyrte.

Du finner folk som kjemper for å bryte opp monopoler i enhver økonomisk sektor. Uansett hvor du ser, kan du finne folk som har opplevd urett fra monopolister som har ødelagt finansene, helsen, privatsfæren, utdanningen og livene til folk de er glade i. Disse folkene har både sak og fiender felles med folkene som ønsker å dele opp storteknologien. Når mesteparten av verdens formue er på veldig få hender, gir det seg selv at nesten ethvert stort selskap deler eiere.

Dette er gode nyheter: Med litt arbeid og ørlite koalisjonsbygging har vi mer enn nok politisk vilje til å bryte opp storteknologien og alle de andre konsentrerte bransjene. Først stopper vi Facebook, deretter tar vi AT&T/WarnerMedia.

Men her er de dårlige nyhetene: Mye av det vi gjør for å temme storteknologien *i stedet* for å bryte opp de store selskapene, vil gjøre det vanskeligere å bryte dem opp senere.

Konsentrasjonen til storteknologien betyr at deres slepphendthet hva angår trakassering levner brukere i et umulig dilemma. Enten må de avstå fra å delta i den offentlige samtalen ved å forlate Twitter, eller holde ut ondsinnet og vedvarende utskjelling. Storteknologiens samlemani og slettingsaversjon fører til horrible identitetstyverier. At de ikke foretar seg mer, betyr at ekstremister kan sanntidsdele skytingen sin og nå et milliardtallig publikum. Kombinasjonen av teknologi- og mediakonsentrasjon betyr at artisters inntekter faller, selv om samlet sum avledet fra deres virke går opp.

Endog er myndighetenes løsning på disse problemene uvegerlig den samme: Gjør storteknologien til håndhevende myndighet i å kontrollere sine brukere, ved å holde den ansvarlig for brukernes dårlige oppførsel. Å tvinge storteknologien til å ta i bruk automatiserte filtre for å blokkere alt fra opphavsrettskrav og menneskehandel til voldelig ekstremisme, betyr at teknologiselskaper må sette av hundretalls millioner dollar for å holde disse kompliserte systemene i gang.

Disse reglene — EUs nye opphavsrettsdirektiv, Australias nye terrorlovgiving, USAs FOSTA/SESTA-lov om menneskehandel og flere andre — er ikke bare dødsdommer for små, konkurrerende oppstartselskaper som kunne utfordret storteknologiens dominans, men som mangler pengene de etablerte aktørene har, for å betale for disse automatiserte systemene. Og det som verre er; disse reglene begrenser hvor små vi kan håpe å gjøre storteknologien.

Årsaken til dette er at å bryte opp selskapene i formålstjenlige biter, betyr at ingen av dem evner å utføre disse påførte pliktene. Det er *dyrt* å få utviklet disse automatiserte filterne og overlate innholdssensur til tredjeparter. Det er allerede vanskelig nok å tøyle disse mangehodede kjempene som er sveiset sammen i iveren etter å tjene penger som monopoler. Å fylle det regulatorirske tomrommet etter disse selvregulerende herskerne, vil bli svært vanskelig.

Å la dem bli så store som de er, har gitt dem en nær sagt uoverkommelig dominans. Å gi dem ansvar for håndheving av lovverket i kraft av sin størrelse, gjør det nesten umulig å redusere dem. Gjenta til det sitter: Hvis plattformene ikke blir gjort mindre, vil de bli større, og jo større de blir, jo flere problemer vil de skape. Enda større plattformer vil øke kravene om at de overtar flere offentlige funksjoner, noe som igjen vil gjøre dem enda større.

Man kan forsøke å fikse Internett ved å dele opp storteknologien og ta fra dem monopolprofitten, eller man kan forsøke å fikse storteknologien ved å tvinge dem til å bruke sin makt til myndighetsfunksjoner. En kan ikke gjøre begge deler. Her må man velge seg et variert og åpent Internett, eller et dominert monopolisert Internett styrt av storteknologikjemper som til stadighet går seirende ut av kampen for å få dem til å oppføre seg.

Gjør storteknologien liten igjen

Det er vanskelig å bryte opp monopoler. Oppdeling av store selskaper i mindre deler er kostbart og tidkrevende. Det er så tidkrevende at innen du er ferdig, har verden gått videre og gjort årene med rettssaker irrelevante. Fra 1969 til 1982 fulgte USAs myndigheter opp en antitrust-sak mot IBM over dominansen på stormaskinmarkedet. Saken kollapset i 1982 på grunn av at stormaskiner i høyt tempo ble erstattet av PC-er.

> En fremtidig president i USA kunne ganske enkelt be sin justisminister om å håndheve loven slik den er skrevet.

Det er meget enklere å forhindre konsentrasjonen enn å fikse den, altså å få tilbake det tradisjonelle avtrykket til amerikansk antitrusthåndheving, for å forhindre ytterligere konsentrering. Det betyr forbud mot sammenslåing av store selskaper, forbud mot at de kjøper opp små oppstartkonkurrenter, og forbud mot at plattformselskaper konkurrerer direkte med selskaper som avhenger av plattformen.

Disse verktøyene er alle klart beskrevet i USAs konkurranselovgivning, så i teorien kan en framtidig president i USA gi riksadvokaten beskjed om å håndheve loven slik den er skrevet. Etter tiår med juridisk «opplæring» i monopolenes tjeneste, og etter at flere administrasjoner har fylt opp føderale domstoler med livstidsutnevnte personer som heier på monopoler, er det ikke åpenbart at kun administrative grep løsner grepet.

Hvis domstolene ikke gjør det justisdepartementet og presidenten ønsker, er neste stopp kongressen. Kongressen har potensiale til å eliminere enhver tvil om hvordan konkurranselovgivning skal håndheves i USA ved å vedta en ny lov som koker ned til:«Nå er det nok. Vi vet alle hva Sherman-loven sier. Robert Bork var en forvirret fantast. For å unngå tvil, *drit i Bork*.» Med andre ord er problemet med monopoler, *monopolpraksisen*, konsentrasjonen av makt på for få hender, noe som uthuler selvråderetten. Hvis det finnes et monopol, vil rettsvesenet få det fjernet, punktum. Fjern helt klart monopoler som «skader forbrukerne» i form av ågervirksomhet, men *fjern også andre monopoler*.

Dette hindrer dog kun ting fra å bli verre. For å gjøre situasjonen bedre må vi samarbeide med andre aktivister i antimonopolbevegelsen. Vi kan kanskje kalle dette initiativet pluralismebevegelsen eller selvråderettsbevegelsen og rette skytset mot eksisterende monopoler i hver bransje, for oppdeling og regler om strukturelle skillelinjer. Dette vil for eksempel blokkere den store brillemonopolisten Luxottica fra å dominere både salg og produksjon av briller.

Det er ikke viktig hvor industrioppdelingen starter; det viktige er at den kommer i gang. Når det starter, vil *hver* bransje begynne å bli mer skeptiske til investeringer i monopoler. Når trustknuserne entrer arenaen, vil debatten i styrerommene endre karakter. Forretningsfolk som aldri har likt monopolpraksisen, vil få effektive argumenter mot finansens øvre etasje: «Hvis vi gjør det på rett vis, tjener vi mindre. Hvis vi gjør som før, vil en domstol gi bøter i stor stil, og vanære vårt offentlige ansikt utad. Så selv om jeg forstår at det hadde vært fint å gjennomføre den sammenslåingen, blokkere den konkurrenten eller kjøpe opp det lille selskapet og legge det ned før det blir en trussel, så bør vi la være, med mindre vi ønsker å bli trukket etter justisdepartementets prosesjon opp og ned Trustknusergata de neste 10 årene.»

20 GOTO 10

Å løse storteknologiproblemet vil kreve mange runder. Som kyberadvokaten Lawrence Lessig skrev i boken han ga ut i 1999, *Code and Other Laws of Cyberspace*, reguleres våre liv av fire krefter: Lovverk (hva som er lovlig), arkitektur (hva som er teknologisk mulig), normer (hva som er sosialt akseptabelt), og marked (hva som lønner seg).

Hvis du kunne trylle og få kongressen til å vedta en lov som ga Sherman-loven klør igjen i morgen, så kunne du bruke den påfølgende oppsplittingen til å overbevise risikovillige kapitalister om å finansiere konkurrenter til Facebook, Google, Twitter og Apple, konkurrenter som ville vente i utkanten etter hvert som de store ble gjort mindre.

Men å få kongressen til å gjøre noe vil kreve en massiv normativ endring, en massebevegelse av folk som bryr seg om monopoler, og ønsker å bryte dem opp.

Det å få folk til å bry seg om monopopler vil kreve teknologinyvinninger som lar folk se hvordan en verden uten storteknologien kan bli. Forestill deg at noen kunne lage en elsket (men uautorisert) klient for Facebook- eller Twitter, som demper de angstproduserende algoritmenes trommeslag, og lar deg fortsette å snakke med venner uten å bli spionert på. Dette ville gjøre sosiale media mer sosiale og mindre giftige. Forestill deg at klienten blir fjernet etter et brutalt angrep i retten. Det er alltid enklere å overbevise folk om at noe må gjøres for å redde noe de elsker, enn å friste dem med noe som ikke finnes enda.

Hverken teknologi eller lovverk, arkitektur eller marked alene er tilstrekkelig til å reformere storteknologien. En profitabel konkurrent kan finansiere et juridisk forsøk; rettsreform kan friste en dristig verktøysmaker til å lage et bedre verktøy; verktøyet kan skape kunder til en markedsnisje som setter pris på fordelene med Internett, men ønsker dem uten storteknologien; og selskapene kan finansieres og bruke noe av sin fortjeneste på juridisk reform. 20 GOTO 10 (eller gjenta til det sitter). Gjør det på nytt, og du kommer lenger denne gangen! Denne gangen starter du med svakere støtte for storteknologien, en grunnlov som forstår at ting kan gjøres bedre, storteknologirivaler som hjelper seg selv ved å donere til reformminnsatsen, og dataprogramkode som andre kan bygge videre på for å svekke storteknologien ytterligere.

Hypotesen om overvåkningskapitalismen, at storteknologiens produkter fungerer så bra som de påstår, og at det er derfor alt er så på skakke, er et altfor slapt våpen mot overvåkning og enda mer tannløst mot kapitalismen. Selskaper spionerer fordi de tror på det de selv påstår, og selskaper spionerer fordi myndigheter lar dem slippe unna med det, og fordi fordelene er så kortlevde at de må gjøre stadig mer av det for å unngå å havne på etterskudd.

Så hvorfor er ting så ille som de er? Kapitalismen, nærmere bestemt monopolpraksisen som skaper ulikhet, og ulikheten som skaper monopolpraksis. Det er en form for kapitalisme som belønner sosiopater som ødelegger realøkonomien for å blåse opp bunnlinjen, og de kommer unna med det av samme grunn som selskaper som spionerer: Våre myndigheter er slaver av både ideologien som sier at monopoler fungerer fint, og innsikten om at man ikke bør tirre monopolistene i en monopolistisk verden.

Overvåkningen gjør ikke kapitalismen løpsk. Kapitalismens ukontrollerte ferd startet før overvåkningen. Overvåkning er ikke ille fordi det lar folk manipulere oss. Den er ille fordi den knuser vår mulighet til å være vårt sanne jeg — og fordi den lar de rike og mektige finne ut hvem som kan vurdere å bygge giljotiner og hvilke drittpakker de kan bruke for å diskreditere disse potensielle giljotinebyggerne før de i det hele tatt kommer seg til trelastforhandleren.

Vi må videre

Men alle problemene med storteknologien, er det fristende å forestille seg å løse problemene ved å gå tilbake til en verden helt uten teknologi. Ikke fall for den fristelsen.

Den eneste veien ut av våre problemer med storteknologien er å komme oss gjennom problemene. Hvis framtiden vår ikke er basert på høyteknologi, så er det fordi sivilisasjonen vår har brutt sammen. Storteknologien kobler sammen et artsspesifikt nervesystem som dekker hele planeten og som, med de rette reformer og kurskorreksjoner, er i stand til å få oss gjennom en eksistensiell utfordring både for vår art og for planeten som helhet. Nå er det opp til oss å ta kontroll over datasystemene og legge dette elektroniske nervesystemet under demokratisk og ansvarliggjort kontroll.

I smug, og på tross av det jeg tidligere har sagt, er også jeg en teknologieksepsjonalist. Ikke på den måten at jeg tenker at teknologi bør få lov til å danne monopoler fordi det gir «stordriftsfordeler», eller andre uklare fortrinn. Jeg er teknologieksepsjonalist fordi jeg tror det betyr noe å utvikle teknologi på riktig måte, og at å gjøre det feil vil være en ubotelig katastrofe — og det å gjøre det riktig kan gi oss evnen til å jobbe sammen for å redde sivilisasjonen, arten og planeten vår.